尼日尔共和国劳动法典

"一带一路"非洲法语国家属地劳动用工基础法律指引

CODE DU TRAVAIL DE LA RÉPUBLIQUE DU NIGER

马英红／译　赵浥菌／校译

中国·武汉

图书在版编目(CIP)数据

尼日尔共和国劳动法典:"一带一路"非洲法语国家属地劳动用工基础法律指引/马英红译. —武汉:华中科技大学出版社,2022.11
ISBN 978-7-5680-8808-4

Ⅰ.①尼… Ⅱ.①马… Ⅲ.①劳动法-尼日尔 Ⅳ.①D943.625

中国版本图书馆CIP数据核字(2022)第199775号

尼日尔共和国劳动法典:	马英红 译
"一带一路"非洲法语国家属地劳动用工基础法律指引	赵氾菡 校译

Nirier Gongheguo Laodong Fadian:
"Yidaiyilu" Feizhou Fayu Guojia Shudi Laodong Yonggong Jichu Falü Zhiyin

策划编辑:郭善珊
责任编辑:董　晗
封面设计:沈仙卫
责任校对:王亚钦
责任监印:朱　玢
出版发行:华中科技大学出版社(中国·武汉)　　电话:(027)81321913
　　　　武汉市东湖新技术开发区华工科技园　　邮编:430223
录　　排:华中科技大学出版社美编室
印　　刷:湖北新华印务有限公司
开　　本:880mm×1230mm　1/32
印　　张:11.25　插页:1
字　　数:232千字
版　　次:2022年11月第1版第1次印刷
定　　价:58.00元

本书若有印装质量问题,请向出版社营销中心调换
全国免费服务热线:400-6679-118　竭诚为您服务
版权所有　侵权必究

前 言

面对百年未有之大变局,全球疫情肆虐,世界形势紧张、动荡、复杂,"走出去"的中国企业面对的不确定因素越来越多,道路更加艰难,合规风险在这个时期也更易被无限放大,产生的后果可能是颠覆性的。后疫情时代更须守住境外合规经营这个底线。

"走出去"企业到底"合"什么"规",怎么"合规"?编译本作的初衷和实践过程就是在探索解决前述问题的路径。

译者在国内担任企业法律顾问期间,所在企业的国际项目已遍布亚非拉国家,但是企业在实际工作中对国际项目法律问题的审视思路仍沿用国内法律思维,知识储备也限于书本上的国际私法领域,泛而不精,对项目所在地的法律条文和法律文化思想知之甚少,在具体法律问题处理上难以抓住其命脉。

暗潮已到无人会，只有篙师识水痕。2018年译者迫切希望能深入国际实践一探究竟。恰时，所在企业的非洲法语市场取得重大突破，译者结束自己深耕多年的国内建筑企业法律顾问生涯，踏入非洲法语国家尼日尔共和国。

企业履约过程中面临的首要问题之一就是当地劳动用工管理问题，有些已在当地发展数年的中资企业付出了数百万的法律维权成本，仍时不时承受着系列个人劳动争议和集体劳动争议（罢工）的困扰，严重影响企业正常生产经营和在当地的社会声誉。企业聘请当地社会律师担任咨询顾问，本期望以此预防劳动争议的发生，但当地社会律师不善于也不乐于"防火"，只想"救火"，且救完之后还不告知"起火"原因及如何防止下次"火灾"，无从判断对方的救火方式是否妥当，这令当地中资企业甚是苦恼和无奈。

刚进入尼日尔，译者面对第一起劳动争议时也陷入同样的困境，外部力量靠不住，只能自力更生，找遍中国市面上所有法律书籍，竟无《尼日尔共和国劳动法典》（以下简称《尼日尔劳动法典》）的中文译本；退而求其次，想参考、借鉴其他"一带一路"非洲法语国家的劳动法中文译本，竟也没有；孤立无援，只能自寻出路，从头学习《尼日尔劳动法典》，以找到"救火"依据和"防火"策略，既是实践所迫也是实务所需。在母校中南财经政法大学国际学院和西南林业大学外国语学院老师的帮助下，2019年底译者开启了翻译《尼日尔劳动法典》之路，学习、研究、实践同步进行，有过成功的案例，也有失败的经验教训。对此，译者特地在中文法条基础上增加译者注与字母索引，将些许实务经验总结分享给读者，便于读者加深对条文内容的理解和实践应用。

前言

　　1974年7月20日中国与尼日尔共和国正式建立外交关系,尼日尔共和国于2019年4月25日正式加入"一带一路"能源合作伙伴关系,随着两国经贸关系全面深入发展,尼日尔共和国正在成为中国在非洲投资的新热点地区之一。尼日尔共和国自2010年结束军事政变后政局相对稳定,目前正在施行的《尼日尔共和国劳动法典》(2012-045号法律)是根据2010年11月25日宪法制定的,整部法典分为九编。内容涉及就业与职业培训,劳动合同的签订和履行及终止,工作条件(工作时间、休息休假、职业卫生、安全与健康)与报酬,工会等职业代表机构、集体公约或协议,劳动监察及有关机构,个人和集体劳动争议,惩罚条款,过渡条款与最终条款等,涵盖了劳动的实体和程序性规定,而非仅仅实体或程序性的单行法,故译为"法典"。为便于实际操作,依照劳动法典规定,部长委员会发布相应的法令作为劳动法典的实施细则,实施细则会不定期进行修改,但不得突破劳动法典的基本规定。

　　尼日尔共和国是26个非洲法语国家之一,受法国法律思想影响,很多劳动法律思想和规定与其他非洲法语国家相同或相似,例如大部分非洲法语国家都将劳动合同类型划分为固定期限劳动合同(CDD)和无固定期限劳动合同(CDI);尼日尔和乍得的劳动法都有"雇主不得对劳动者处以罚款"的规定。据此,本作对其他非洲法语国家的中国企业也具有一定参考价值。

　　知之愈明,则行之愈笃;行之愈笃,则知之益明。希望本作能为奋战在非洲法语国家的中国企业处理属地劳动用工法律实务问题提供基础性指引,在劳动用工管理上实现合规经营,守住底线,避免经历"前浪们"已经遭受的艰辛和走过的弯路,助力更多中国企业在"一带一路"非洲法语国家"走出去"的步伐走深、走实、走明、走远。

鉴于本人水平有限，纰漏或不足在所难免，希望此译作可以抛砖引玉，期待更多"一带一路"非洲法语国家法律著作面市。同时，欢迎实务界和学术界的同仁批评指正，以期进一步完善本译作。

非知之难，行之惟难；非行之难，终之斯难。本作得以完成并非译者一人之劳。在此，由衷感谢西南林业大学赵泹菡老师，没有她在语言上的帮助，本作不可能完成；感谢尼日尔朋友，HALIMA NOUHOU MINE 女士、MOUNIRATOU SADOU 女士、ALFARI MOSSI FAYÇAL 先生、尼亚美 Abdou Moumouni 大学 YOUNSA DJAFAR SALATIKOY 老师，帮助搜集当地有关法律资料；感谢尼日尔当地法院、劳动监察部门的同行，给予的实践经验分享；感谢好友黄建先生、陈能玺先生，在法律和人力资源管理专业上的指导和帮助；感谢中国能建葛洲坝从事国际业务的同事，在工作之余积极分享他们的实务经验和心得；感谢中南财经政法大学国际学院危老师、武汉轻工业大学田老师和西南林业大学国际学院李老师给予的无私帮助；感谢华中科技大学出版社法律分社的各位编辑，对本作细致入微的校核；最后感谢我的家人，疫情肆虐，回国不能，父亲病重，百感交集，家人悉心照顾，父亲脱离险境，无比宽慰，促成本作。

马英红

写于尼日尔首都尼亚美嘉威酒店

（回国前集中隔离中）

2022 年 1 月 12 日

目 录

- 第一编　总则　　/3
- 第二编　就业与职业培训　　/9
  - 第一章　就业　　/11
  - 第二章　职业培训与学徒制　　/18
    - 第一节　职业培训　　/18
    - 第二节　学徒合同　　/18
    - 第三节　交替学徒制　　/21
  - 第三章　劳动合同　　/23
    - 第一节　一般规定　　/23
    - 第二节　劳动合同双方的义务　　/24
    - 第三节　劳动合同的签订　　/25
    - 第四节　固定期限劳动合同　　/28
    - 第五节　劳动合同的履行和中止　　/30
    - 第六节　劳动合同的解除　　/33
    - 第七节　雇主方状况的变更　　/39

第三编 工作条件与报酬 /45

第一章 工作条件 /47
- 第一节 工作时间 /47
- 第二节 夜间工作 /48
- 第三节 童工 /48
- 第四节 妇女和孕产妇劳动保护 /50
- 第五节 每周的休息 /51
- 第六节 带薪休假 /51
- 第七节 路途和交通 /54
- 第八节 商店 /56

第二章 职业卫生、安全和健康 /59
- 第一节 卫生和安全 /59
- 第二节 职业健康服务 /62
- 第三节 新兴风险 /64

第三章 工资 /67
- 第一节 工资的确定 /67
- 第二节 工资的支付 /69
- 第三节 工资债权的优先权、担保及时效 /72
- 第四节 工资的扣除 /73

第四编 职业代表机构与集体协商 /77

第一章 职业工会 /79
- 第一节 工会自由和工会组成 /79
- 第二节 工会的民事主体资格 /81

第三节　工会商标　　　　　　　　　　/83
　　第四节　互助和养老基金　　　　　　　/83
　　第五节　工会联盟　　　　　　　　　　/84
　第二章　用人单位劳动者代表　　　　　　/85
　　第一节　员工代表　　　　　　　　　　/85
　　第二节　工会代表　　　　　　　　　　/87
　　第三节　劳动者代表的解雇　　　　　　/88
　第三章　劳动集体公约和协议　　　　　　/91
　　第一节　集体公约的性质和效力　　　　/91
　　第二节　集体公约的扩展适用　　　　　/93
　　第三节　企业和机构协议　　　　　　　/97
　　第四节　公共性的服务部门、企业和机构的
　　　　　　集体公约　　　　　　　　　　/97
　　第五节　集体公约的履行　　　　　　　/98

第五编　与劳动和劳动监察有关的机构　　/101
　第一章　劳动有关机构　　　　　　　　　/103
　　第一节　劳动行政部门　　　　　　　　/103
　　第二节　咨询机构　　　　　　　　　　/104
　　第三节　就业公共服务　　　　　　　　/105
　第二章　监察　　　　　　　　　　　　　/108

第六编　用人单位义务　　　　　　　　　/113

第七编　劳动争议　/117

第一章　个人劳动争议　/119
第一节　劳动法庭　/119
第二节　调解　/127

第二章　集体争议　/129
第一节　诉诸罢工的条件　/129
第二节　仲裁程序　/131

第八编　惩罚条款　/135

第九编　过渡条款与最终条款　/145

TITRE PREMIER   DES DISPOSITIONS GÉNÉRALES   /151

TITRE II   DE L'EMPLOI ET DE LA FORMATION PROFESSIONNELLE   /157

Chapitre I   De l'emploi   /159
Chapitre II   De la formation professionnelle et de l'apprentissage   /164
Section 1   De la formation professionnelle   /164
Section 2   Du contrat d'apprentissage   /165
Section 3   De l'apprentissage par alternance   /168

Chapitre III   Du contrat de travail   /170
Section 1   Des dispositions générales   /170

Section 2	Des obligations des parties au contrat de travail	/171
Section 3	De la conclusion du contrat de travail	/173
Section 4	Du contrat à durée déterminée	/178
Section 5	De l'exécution et de la suspension du contrat de travail	/180
Section 6	De la rupture du contrat de travail	/185
Section 7	De la modification de la situation de l'employeur	/194

TITRE Ⅲ DES CONDITIONS ET DE LA RÉMUNÉRATION DU TRAVAIL /195

Chapitre Ⅰ Des conditions de travail /197

Section 1	De la durée du travail	/197
Section 2	Du travail de nuit	/198
Section 3	Du travail des enfants	/199
Section 4	De la protection de la femme et de la maternité	/201
Section 5	Du repos hebdomadaire	/203
Section 6	Des congés payés	/203
Section 7	Des voyages et transports	/208
Section 8	Des économats	/211

Chapitre Ⅱ De l'hygiène, de la sécurité et santé au travail /213

Section 1	De l'hygiène et de la sécurité	/213
Section 2	Du service de santé au travail	/218
Section 3	Des risques émergents	/222

Chapitre Ⅲ	Du salaire	/223
Section 1	De la détermination du salaire	/223
Section 2	Du paiement du salaire	/226
Section 3	Des privilèges, garanties et prescription de la créance salariale	/230
Section 4	Des retenues sur salaires	/233

TITRE Ⅳ DE LA REPRÉSENTATION PROFESSIONNELLE ET DE LA NÉGOCIATION COLLECTIVE

/235

Chapitre Ⅰ	Des syndicats professionnels	/237
Section 1	De la liberté syndicale et de la constitution des syndicats	/237
Section 2	De la capacité civile des syndicats	/240
Section 3	Des marques syndicales	/242
Section 4	Des caisses de secours mutuels et de retraites	/243
Section 5	Des unions de syndicats	/244
Chapitre Ⅱ	De la représentation des travailleurs dans l'entreprise	/245
Section 1	Des délégués du personnel	/245
Section 2	Des délégués syndicaux	/248
Section 3	Du licenciement des représentants du personnel	/250
Chapitre Ⅲ	Des conventions et accords collectifs de travail	/252
Section 1	De la nature et de la validité de la convention collective	/252

Section 2　Des conventions collectives étendues　　　/255

Section 3　Des accords d'entreprise et d'établissement　　　/261

Section 4　Des conventions collectives dans les services, entreprises et établissements publics　　　/262

Section 5　De l'exécution des conventions collectives　　　/263

TITRE V　DES INSTANCES RELATIVES AU TRAVAIL ET DU CONTRÔLE　　　/265

Chapitre I　Des instances relatives au travail　　　/267

Section 1　De l'Administration du Travail　　　/267

Section 2　Des organismes consultatifs　　　/268

Section 3　Du Service public de l'emploi　　　/270

Chapitre II　Du contrôle　　　/273

TITRE VI　DES OBLIGATIONS DES EMPLOYEURS　　　/281

TITRE VII　DES DIFFÉRENDS DE TRAVAIL　　　/287

Chapitre I　Des différends individuels　　　/289

Section 1　Des juridictions du travail　　　/289

Section 2　De la conciliation　　　/301

Chapitre II　Des différends collectifs　　　/303

Section 1　Des conditions de recours à la grève　　　/304

Section 2　De la procédure d'arbitrage　　　/306

TITRE Ⅷ DES SANCTIONS /311

**TITRE Ⅸ DES DISPOSITIONS TRANSITOIRES ET FI-
NALES** /325

索引 /331

尼日尔共和国

博爱-劳动-进步

2012年9月25日尼日尔共和国劳动法典

根据2010年11月25日的宪法

部长委员会听取，国民议会审议并通过，由共和国总统颁布，内容如下：

第一编

总 则

第 1 条　本法调整雇主和劳动者之间的关系，适用于尼日尔共和国境内。

第 2 条　本法所称劳动者，是指无论其性别和国籍，受雇于某一自然人或者法人，公共性质或者私营性质雇主，从事某项职业活动，获取一定报酬的自然人。[1]

在确定劳动者的资格时，并不考虑雇主和劳动者的法律地位。在政府部门长期工作的人员不受本法约束。

第 3 条　本法所称雇主和用人单位（以下均称"雇主"），是指雇用一名或者多名劳动者为其服务并接受其管理的公法或者私法中的任何自然人或者法人，可以是从事商业、工业、农业或者服务业，也可以是自由职业性质、慈善机构、非政府组织、宗教协会或者团体及其他营利或者非营利性机构。[2]

用人单位可以包含一个或者多个机构，其劳动者于同一特定场所（如工厂、办公室或者工地）在用人单位代表统一授权下从事职业活动。

上述所指的机构是用人单位的一部分。单一独立的机构也可以构成用人单位。这样的机构可以只包含一名工作人员。

第 4 条 禁止强迫或者强制劳动。

所谓"强迫或者强制劳动"是指以各类形式相威胁，违背劳动者的意愿，要求劳动者从事某项工作或者服务的行为。

强迫或者强制他人劳动的，依照本法规定给予处罚。

但是，下列情形不属于"强迫或者强制劳动"：

1. 有关义务兵役的法律[3]、法规强制规定必须从事纯军事性质工作或者服务的；

2. 为了公共利益，法律、法规强制规定公民必须执行某项工作或者从事某项服务的；

3. 法院判决强制要求个人必须履行有关义务或者服务的；

4. 当遇到不可抗力时，必须执行某种工作或者任务的，尤其是指战争、灾害或者灾害威胁（如火灾、洪水、传染病和动物传染病的爆发，有害动物、昆虫、植物寄生虫的入侵等）危及或者可能危及全体或者部分居民的生命或者正常生活条件的；

5. 要求儿童从事不影响其成长和发展的家庭工作的。

第 5 条 任何雇主不得以"性别、年龄、民族或者社会出身、种族、宗教、肤色、政治和宗教信仰、残障、是否携带艾滋病病毒、是否患有镰状细胞贫血、是否是某个工会组织成员和参加的工会活动"为由，影响录用、工作安排和调整、职业培训、晋级、晋升、薪酬、社会福利发放以及纪律处分、解除劳动合同等有关事项的决定。但是，本法或者其他保护妇女和儿童权益的法律法规和关于外籍人员的法律法规有特殊规定的除外。

违反本原则的规定或者行为无效。

第6条 劳动者已享有的福利待遇超过本法规定的,应当继续享有。

雇主或者雇主团体可以按照劳动合同、集体公约或者行业惯例,单方面决定赋予劳动者新的福利。

第7条 雇主应当保存本法的副本,供本法第211条所指的劳动者代表查阅。

译者注

[1]　"travailleur"译为劳动者，劳动者是一个涵义非常广泛的概念，凡是具有劳动能力，以劳动获取合法收入作为生活来源的自然人都可称为劳动者，是对从事劳作活动一类人的统称。根据职业或岗位的不同，尼日尔司法实践中劳动者有司机（chauffeur）、工人（ouvrier）、普通职员（employé）、高级职员（employé supérieur）、主管（agent de maîtrise）、技师和相类似岗位（technicien et assimilé）、工程师和类似岗位（cadre ingénieur et assimilé）、高管（cadre supérieur）等等。在劳动法语境下谈及劳动者要注意其是否达到法律规定的年龄，是否具有主体资格。

[2]　依照中国劳动法规定，与劳动者之间形成劳动关系的中国境内的企业、个体经济组织、国家机关、事业组织、社会团体统称为"用人单位"，可见中国劳动法规定的用人单位不包括自然人。依照本法第3条规定的"雇主"概念不同于中国的用人单位，本法中的雇主可以是自然人，也可以是单位，所以本法在特别强调雇主身份为用人单位时，一般译为"用人单位"，若强调雇主身份为自然人或非特指雇主身份时，则一般译为"雇主"。

[3]　Loi的法律位阶高于Décret。

第二编

就业与职业培训

第一章 就业

第 8 条 企业一般使用自己的劳动力，也可以使用劳务派遣人员从事临时性工作；企业也可以派遣自己的员工到其他企业。企业还可以使用承揽人提供的服务。[1]

第 9 条 雇主可以直接进行招聘，但是不得违反本法第 11 条、第 13 条和第 48 条的规定。雇主也可以通过公共或者私人职业介绍机构进行招聘。

第 10 条 依照法规规定，在招聘时，雇主应当为残障人士保留至少 5％的工作岗位。

第 11 条 雇主应当将招聘信息通知就业公共服务机构。在发出此通知之前，不得就拟招聘的职位发布任何形式的广告，不得直接或者通过私人职业介绍机构进行招聘。

第 12 条 所有求职者都应当在就业公共服务机构登记，也可以在私人职业介绍机构登记。

第 13 条 任何雇主不得录用未持有就业公共服务机构登记卡的劳动者。

雇主应当在录用劳动者后十日内，依照本法第 286 条的规定向有关就业公共服务机构进行申报。

第 14 条　未经劳动部长事先授权，任何人不得集体招聘劳动者到尼日尔共和国境外就业。

第 15 条　私人职业介绍机构设立的唯一或者主要目的是作为雇主和劳动者之间的中介，这由劳动部长商劳动和就业咨询委员会以决定的形式确定。

由有关法令[2]明确此类机构的创立和运作的条件，特别是规范其服务和管理业务的费用收取，明确此类授权的有效期和延长期。

第 16 条　临时性劳务公司是指从事为用工单位（自然人或者法人）提供临时性用工服务，按照与用工单位商定的资格录用劳动者并向其支付费用的自然人或者法人。

此类临时性劳务公司除提供临时性的用工服务外，不得从事其他业务；也不得雇用临时劳动者来取代罢工的劳动者。

由有关法令规定某些禁止使用临时劳动者的危险工种。

第 17 条　临时性劳务公司应当与其派遣到用工单位的劳动者签订书面的临时性劳动合同。临时性劳动合同也被称为被派遣人劳动合同[3]，由临时性劳务公司与其派遣到用工单位的劳动者以书面形式[4]签订。这种派遣被称为"劳务派遣"。[5]

临时性劳务公司是被派遣劳动者的用人单位，其享有有关权利并承担相应义务。

但是，在过去十二个月内已受雇于临时性劳务公司的被派遣劳动者与该临时性劳务公司签订新的劳动合同时，可以免除本法第 11 条规定的程序。

临时劳动者的工资不得低于用工单位所录用的同岗位的正式职工的工资。禁止以提供派遣机会的名义向被派遣劳动者索取报酬或者补偿。

第18条 临时性劳务公司和用工单位之间签订的劳务派遣服务合同应当采用书面形式，并依照本法第19条的规定明确用工理由。

第19条 临时性劳务公司提供的服务仅适用于本质上不可持续的工作岗位，特别是下列情形：

a）在一名劳动者临时性缺勤期间；

b）在劳动合同被中止期间；

c）在一份无固定期限合同终止后，等待其替代者期间；

d）某些必须立即实施的紧急任务，如预防可能出现的事故、紧急救援或者修复对劳动者构成危险的企业设备、设施或者建筑物缺陷等；

e）突如其来的额外工作量的增加。

此类临时性的工作持续时间不得超过六个月，最多延期1次。

第20条 向过去十二个月内采取过经济性解雇行为的用工单位提供劳务派遣服务的，应当经劳动监察员批准。

第21条 承揽人可以作为企业下属承包商，自行雇用必要的劳动力，与企业订立书面合同，以固定的价格执行某项工作任务或者提供某些服务。

在不影响企业行使对工作执行情况的监督权的前提下，承揽人为执行合同而雇用的劳动者应当在其有效指导和管理下工作。同时,应当将承揽合同副本送交有关劳动监察员。

第22条 当承揽人服务的履行地为企业的工厂、仓库或者工地时,承揽人资不抵债的,由企业代承揽人支付工人工资。

当承揽人服务的履行地为企业的工厂、仓库或者工地以外的场所时,承揽人资不抵债的,由企业负责向承揽人的工人支付工资。

在本条前两款规定的情况下,受害工人可以直接要求企业支付承揽人欠付的工资。

第23条 必要时,由有关法令确定本章的实施细则。

译者注

[1]　企业劳动力来源的三种渠道：

- 企业直接招聘劳动者，与劳动者之间形成劳动合同关系。
- 临时性工作，可由劳务派遣公司派遣。临时性劳务派遣公司作为被派遣劳动者的用人单位，向劳动者发放工资福利待遇等，使用该派遣劳动者的企业为用工单位，对劳动者日常工作进行直接管理。
- 承揽人提供服务。承揽人作为企业的承包商，自行雇用必要劳动力，以固定价格自行安排企业提供的工作任务或为企业提供某些服务。承揽人和企业之间签署书面合同，承揽人的工人受承揽人直接管理，企业对工作任务或服务情况进行监督。承揽人欠付工人工资，无法支付时，可以突破合同相对性原则，由企业代替承揽人向工人支付工资，工人也可以直接要求企业代替承揽人向其支付工资，以此保护劳动者的基本权益。

[2]　法令（Décret）与行政权有关，发布者一般为部长委员会，其法律位阶高于决定（Arrêté），低于法律（Loi）。

[3]　本法第17条、第19条和第42条的contrat de mission是指被派遣人劳动合同，即约定临时性劳务公司与被派遣劳动者之间劳动关系的合同，也称为临时性劳动合同，即contrat de travail temporaire。

[4] 除本法明确规定采用书面形式签订劳动合同外,还需注意的是,以下劳动合同必须以书面形式订立,且必须以法文起草:

- 外籍劳动者合同;
- 固定期限劳动合同,但本法第61条最后一款规定的按小时、日计算的短期工作除外。

实务中,除本法第61条最后一款规定的按小时、日计算的短期工作,可以采用其他可以证明的形式外,为避免劳动争议的产生,无论是CDD还是CDI,都建议采用书面形式。

[5] 劳务派遣涉及"三方主体"和"两个合同"。"三方主体"是指被派遣劳动者、被派遣劳动者的用人单位（entrepreneur de travail temporaire）、被派遣劳动者的用工单位（entreprise utilisatrice）;"两个合同"一是指临时性劳务公司和被派遣劳动者的用工单位之间签订的劳务派遣服务合同,约定用工条件;二是指临时性劳务公司与被派遣劳动者签订的临时性劳动合同（contrat de travail temporaire）,即被派遣人劳动合同,是约定临时性劳务公司与被派遣劳动者之间劳动关系的合同。

临时性劳务公司的设立必须经当地劳动部门的批准,所以,实务中,作为用工单位的企业在与临时性劳务公司合作时,首先应审核对方是否已获得当地劳动部门的批准。同时,要对临时性劳务公司在支付被派遣劳动者工资和社会保障费用方面进行监管，督促其按时支付，否则，当临时性劳务公司无法支付被派遣劳动者工资和社会保障费用时，相关支付责任将由用工单位承担。

"两个合同"必须是书面形式，司法实践中，若不存在书面合同，而用工单位继续使用被派遣劳动者的，则很容易被认定与被派遣劳动者之间构成无固定期限劳动合同关系。用工单位变成用人单位，承担用人单位相应的法律责任。当然，在被派遣人劳动合同期满后，用工单位也可以直接与被派遣劳动者商议签署固定或无固定期限劳动合同，这时双方之间直接形成劳动关系。

因临时性劳动合同或被派遣人劳动合同引起的争议由劳动法庭管辖。

外国企业作为承包商中标当地建设工程，为此成立的项目部在招聘当地劳动者时，可以全部使用劳务派遣形式，这是基于建设工程类项目存在施工工期而具有临时性的考量。外国企业作为投资方在当地成立有限责任公司（S.A.R.L）或股份有限公司（S.A）进行招聘，则要依照本法第19条的规定，区别临时性工作和长期工作，对于长期工作岗位应当自行招聘，不得使用劳务派遣形式。

第二章 职业培训与学徒制

第一节 职业培训

第 24 条 职业培训的目的是使劳动者适应生产技术和工作条件的变化,获得社会提升和获取不同级别的职业资格。

劳动者享有接受职业培训的权利,包括获得某项专业资格和第一份工作时的初次培训以及之后的继续职业培训。

国家、各个行政区域、公共和私营部门、各类组织、专门的职业机构和企业应当依照有关法规规定提供职业培训。

第 25 条 雇用外籍劳动者的雇主应当保障对其本国劳动力的培训,以替换这些外籍劳动者。[1]

第二节 学徒合同

第 26 条 按照学徒合同,作为工业、商业或者农业等行业机构的负责人、手工业者或者来料加工师傅,应当对其学徒进行系统的和全面的职业培训；反之，学徒应当按照指示完成学徒期内的工作。

学徒合同应当采用书面形式，否则无效。学徒合同适用语言为法语。

对学徒合同，免收印花税和注册费。

第27条 学徒合同的订立，应当考虑行业惯例。

特别包括：

1. 师傅的姓名、年龄、职业、住所或者公司名称；

2. 学徒的姓名、年龄和住所；

3. 学徒的父母、监护人或者其父母的委托代理人或者由法院确定的人员的姓名、职业和住所；

4. 合同的签订日期和有效期；

5. 学徒的报酬和食宿条件；

6. 机构负责人在机构内外向学徒提供职业培训课程的明确说明。

第28条 师傅未满二十一周岁的，不得招收未成年学徒。

第29条 师傅与其家人或者家族不居住在一起的，不得安排未成年女性学徒在其私人住宅或者工作处居住。

第30条 被判重罪或者有伤风化罪行或者至少三个月监禁而无缓刑的犯罪的人，不得招收学徒。

第31条 当学徒生病、缺勤或者出现其他需要干预的情形时，师傅应当立即通知学徒的父母或者其父母代表人。师傅应当在学徒力所能及的范围内让其从事与其职业有关的工作和服务。

第 32 条　师傅应当如家父般对待学徒，并向其提供良好的食宿条件。

学徒不能读写和计算或者还未完成最基础的宗教教育的，师傅应当给予其必要的学习时间和自由。学习时间由双方协商确定，但是每个工作日不得超过两小时。

第 33 条　师傅应当按照合同内容，逐步、全面地向学徒传授专业技能。在学徒期结束时，向其颁发证明其学徒期结束或者学徒合同已经履行完毕的证书。

第 34 条　在学徒期内，学徒应当服从和尊敬其师傅。

学徒在其力所能及的范围内，通过工作帮助师傅。

学徒期结束后，学徒应当参加国家认可的机构举办的考试。

前述考试的通过者将获得职业资格证书。

因生病或者其他原因导致缺勤时间超过十五日的学徒，应当在学徒期满时补回超过的缺勤时间。

此类考试的组织程序由部长委员会商劳动和就业咨询委员会以法令的形式确定。

第 35 条　雇用受学徒合同约束的年轻人（例如在学校或者职业培训中心的学生或者实习生）作为工人或者普通职员，新雇主应当向学徒所在的原机构负责人支付利益补偿。

在前一份合同义务未完全履行或者未依法终止的情况下订立的新学徒合同无效。

第 36 条　学徒合同的形式、内容、效力、终止及其后果和执行监管措施，特别是在合同期满时学徒无法通过专业考试可能导致师傅无法继续招收学徒的情况,都将由部长委员会商劳动和就业咨询委员会以法令的形式确定。

第37条 不同类型企业中学徒工占劳动者总数的百分比,由劳动部长商劳动和就业咨询委员会以决定的形式确定。

第三节 交替学徒制

第38条 交替学徒合同是雇主承诺在培训中心与公司或者工厂之间交替向青年学徒提供系统、完整的职业培训的一种特殊的劳动合同。[2]

第39条 交替学徒制的组织和当事人的义务由有关法规确定。

译者注

[1] 对于外籍劳动者（travailleur de nationalité étrangère），本法有严格的要求。为了保障尼日尔本国劳动者的就业权，雇主使用外籍劳动者有严格的限制条件：

- 发放签证时，可要求雇主提供一份将来用尼日尔劳动者替代外籍劳动者的措施方案；
- 签证期限届满时，应招聘尼日尔劳动者代替外籍劳动者。

外籍劳动者劳动合同签证期限一般为两年，可续签一次，理论上，雇主应当保证在四年期满后招聘尼日尔籍劳动者替代该外籍劳动者。在实践中，因为目前尼日尔当地劳动者技能水平低，四年期满后，对具有特殊技能水平的外籍劳动者没有完全排斥，但是，引进技术水平不高的普通第三国劳务，就应特别注意此期限规定。

[2] 学徒合同与交替学徒合同都属于职业培训形式，前者比后者更注重学徒的技能学习。虽然后者也向学徒提供职业培训，但已经成为一种特殊劳动合同。交替学徒合同期内，学徒也要完成一定劳动任务；学徒合同期内，学徒只是在力所能及范围内帮助师傅完成其工作。实践中，在雇用实习生时，要注意审查该实习生是否受学徒合同约束，其学徒合同期是否已届满，否则可能面临赔偿。

第三章　劳动合同

第一节　一般规定

第40条　劳动合同是指自然人承诺有偿向另一个自然人或者法人，即雇主，提供其全部或者部分职业活动并接受后者管理的协议。[1]

第41条　不论劳动合同的签订地和合同当事人的居住地在何处，只要劳动合同的履行地在尼日尔境内，就应当适用本法。

本法同样适用于依照其他国家法律订立在尼日尔境内履行或者部分履行超过三个月的劳动合同。

第42条　在不违背本法关于临时性工作范围内的被派遣人劳动合同、固定期限合同、外籍劳动者合同和离开经常居住地必须获得住宿的劳动者签订的合同规定的情况下，劳动合同应当由双方自愿签订。

同样，劳动合同应当以双方都接受的形式订立。以书面形式订立劳动合同的，免收印花税和注册费。劳动合同关系的存在可以通过多种方式证明。

第二节 劳动合同双方的义务

第43条 在用人单位工作期间,除另有规定外,劳动者应当遵守下列义务:

1. 亲自并认真执行劳动合同约定的工作;
2. 在工作范围内,执行上级下达的指令;
3. 遵守企业的规章制度,遵守劳动时间、安全和卫生健康方面的要求。

此外,应当履行职业保密和竞业限制的义务。

第44条 雇主应当遵守的义务:

1. 向劳动者提供约定的工作和约定的工作地点;
2. 为劳动者完成其工作提供必要的条件;
3. 依照有关法律法规规定、风俗习惯和合同约定,向劳动者支付工资和补偿,并为其缴纳社保;
4. 依照现行法规,保证卫生健康和安全条件;
5. 尊重劳动者;
6. 禁止以工作为由,对劳动者采取任何形式的身体或者心理暴力以及其他虐待行为。

此外,雇主不得要求劳动者从事合同约定外的工作。

第45条 禁止利用职务便利,在工作范围内进行性骚扰,以获得性满足。

第46条 雇主应当为无法在正常工作条件下工作的残障人士提供适当的工作岗位和条件以及专门培训,有关具体条件由征求劳动和就业咨询委员会的意见后颁布的法规规定。

第三节 劳动合同的签订

第47条 劳动合同可以是无固定期限的，或者是本章第四节规定的有固定期限的。

第48条 劳动者按照劳动合同约定因工作原因需搬离经常居住地的，在其完成体检之后，应当将该书面劳动合同提交到工作地的就业公共服务机构，无该服务机构的，交由劳动监察员或者劳动监察部门合法代表备案。

在任何情况下，外籍劳动者的劳动合同均采用书面形式，在获得劳动部长的事先批准后，提交就业公共服务机构进行签章。

对劳动合同进行签章，由就业公共服务机构收取费用。该费用的金额、使用和用途由有关法规规定。

在不违背尼日尔签署和同意的关于人员自由流动和互惠的区域、次区域或者国际条约的规定下，外籍劳动者应当在进入尼日尔前获得签证。

移民当局有义务要求进入尼日尔从事有偿工作的外国人提供经签章的劳动合同。

自本法生效之日起，所有使用未经就业公共服务机构签章的外籍劳动者的雇主，应当立即纠正，否则，依照本法第353条的规定处罚。

只有在本国缺乏相应技能人员时，才可以招聘外籍劳动者。但是，由劳动部长明确批准的除外。

第49条 满足下列条件的，主管部门应当签批外籍劳动者合同：

1. 已根据需要获取了工作地劳动监察员就已商定的工作条件的意见；

2. 已证实劳动者的合法身份、本人自由意愿以及劳动合同符合有关法律规定；

3. 已向当事人解读合同内容，必要时已宣读合同译文。

第50条 工作签证由雇主负责申请。本条所指签证被拒的，雇主有权向主管当局免费提出申诉。申诉被拒的，劳动合同自动失效。

主管当局拒绝签发签证的，应当说明理由。

雇主有义务在法规规定的签证期限届满时，培训一名尼日尔劳动者代替外籍劳动者。

在发放签证时，就业公共服务机构可以要求雇主提供一份书面说明，明确使用尼日尔劳动者接替外籍劳动者的保障措施。

因雇主原因导致签证被拒的，外籍劳动者有权主张劳动合同无效并要求赔偿。

上述情形下产生的遣返回国的费用由雇主承担。

第51条 主管当局自签证申请发出或者提交之日起三十日内未作出决定的，视为已同意签证申请。

第52条 试用期由双方自主决定。

试用期及其延期应当以书面形式确认，否则无效。

按照专业技术和行业惯例要求，试用期及其延长的期限不得超过能够证明所聘用的劳动者具备有关工作能力或者资质所需的时间。

试用期及其延长的最长期限，由集体公约规定。未规定的，由劳动部根据职业类别以决定的形式确定。

无固定期限劳动合同的试用期，包括延期在内，最长不得超过六个月；对在尼日尔共和国境外招聘的劳动者，此期限可以延长至一年。

招聘和路途的时间不包含在最长试用期内。

试用期内发生的往来路途费用，包括劳动者离开经常居住地的费用，由雇主承担。[2]

第53条 劳动者违规终止劳动合同，受雇于新的雇主，满足下列情形之一的，新雇主应当对原雇主遭受的损害承担连带赔偿责任：

1. 有证据证明新雇主参与了这名劳动者的离职行为；

2. 新雇主雇用这名劳动者时，知道其还受某劳动合同约束；

3. 新雇主明知劳动者与另一雇主之间存在劳动合同关系，仍然使用该劳动者。

第三种情形下，当新雇主知道此类情况时，劳动者与前雇主未按规定终止的劳动合同已到期的，新雇主无需承担连带赔偿责任：一种是固定期限劳动合同到期，另一种是无固定期限劳动合同已超过解除此类合同的预先通知期或者合同解除已超过三个月。

第54条　所有用人单位负责人在劳动者提交现金或者有价证券担保时,应当开具收据,并依照本法第285条的规定在《雇主登记册》中载明。但是,不得克扣劳动者工资作为保证金。

第55条　雇主应当在收到保证金后一个月内交存银行。保证金及其存款凭证应当在《雇主登记册》中载明,并将此凭证交由劳动监察员备案。

由有关法令规定存款的方式、有权接受存款的公共金融机构和银行的名单。储蓄银行必须接受此类存款,并发行特殊的存折,该存折与劳动者已经拥有或者将来可能拥有的存折不同。

第56条　只有在雇主和劳动者双方都同意或者经司法裁判授权的一方已同意时,才可以提取全部或者部分保证金。

第57条　将存折或者存款用于利害关系方的担保的,担保权人对为雇主利益和第三方存入的款项享有优先权,这些第三方对雇主享有支付扣押权。

所有由公共金融机构或者银行管理机构提出的支付扣押都不具有法律效力。

第四节　固定期限劳动合同

第58条　固定期限劳动合同是指当事人订立合同时约定的期限届满即终止的合同。

除本法第 61 条最后一款的规定外,固定期限劳动合同应当以书面形式订立。

用人单位常规且永久性的经营活动中长期性的工作岗位不适用固定期限劳动合同。

第 59 条 订立固定期限劳动合同的,应当在订立时明确期限;应当注明合同履行完毕的日期或者具体期限。

但是,本法第 61 条规定的固定期限劳动合同的到期日可以不确定。

第 60 条 有明确期限的固定期限劳动合同最长期限为两年,可以延期一次。

延期的固定期限劳动合同到期后,劳动关系可以转为无固定期限劳动合同。

有明确期限的固定期限劳动合同包含一个试用期:其计算以一星期不超过一日为基数,最长不得超过一个月。延期的固定期限劳动合同,不得再约定试用期。

对季节性或者法规规定的某些行业的合同,由于行业性质和工作岗位的临时性,通常不适用签订无固定期限劳动合同,此类劳动合同的延期可以不受限制。

第 61 条 固定期限劳动合同的签订是为了替代临时缺勤的劳动者,或者出于季节性工作的需要,或者工作量临时性增加,或者企业出现非常规性工作的,可以不明确该合同到期的确切日期。

此类合同的期限取决于被替代劳动者回到原岗位或者合同解除、季节结束、临时性增加工作结束或者企业非常规性工作结束的时间。

在签订此类劳动合同时，雇主应当向劳动者说明可能影响该合同期限的各项因素。此类合同的试用期不得超过十五日。

以小时、日为计算单位并在一日、一周或者两周结束时支付工资的短期工合同，也视为无明确期限的固定期限劳动合同。[3]

第62条 无明确期限的固定期限劳动合同可以不受次数限制地延长，同时，不改变合同的性质。

第63条 不符合本法规定的固定期限劳动合同，视为无固定期限劳动合同。[4]

第五节 劳动合同的履行和中止

第64条 内部规章制度由用人单位负责人制定，应当遵守本条第三款规定，其内容仅限于与用人单位正常运行必要的工作安排、纪律、健康与安全方面有关的规定。

所有其他的规定，尤其是与薪酬有关的规定，均无效。但是，本法第50条最后一款的规定除外。

在内部规章制度生效前，用人单位负责人应当告知劳动者代表（如果有），并告知劳动监察员，劳动监察员可以要求用人单位撤回或者修改违反现行法律、法规的规定。

内部规章制度的通知、备案、公示程序，以及应当制定内部规章制度的用人单位最低劳动者人数要求等内容由部长委员会商劳动和就业咨询委员会以法令的形式确定。[5]

第65条 内部规章制度的修订，或者其他由用人单位管理层发布的任何形式的一般性或者长期性的指令及相关内容等属于内部规章制度范围的文件的修订，都应当遵守与已发布的内部规章制度相同的通知、备案和公示程序。

第66条 雇主不得对劳动者处以罚款。[6]

第67条 劳动者应当在劳动合同规定的范围内将其所有职业活动服务于雇主。

除另有约定外，劳动者可以在非工作时间从事任何职业活动。

第68条 劳动合同中任何禁止劳动者在劳动合同终止后从事某种职业活动的条款均无效。

第69条 雇主对劳动合同进行实质变更的，应当事先征得劳动者的同意。

劳动者不同意变更劳动合同内容，且此类变更致使劳动者所从事的工作应得的福利减少，由此造成劳动合同解除的责任归咎于雇主；此种情形下，雇主应当支付相应的解雇补偿。

反之，劳动合同的解除视为劳动者主动行为所致。此种情形，视为劳动者辞职，不能要求解雇补偿金或者预先通知补偿金。[7]

第70条 发生下列情形之一的，劳动合同中止：

a) 因服兵役或者强制军事训练导致雇主离开，并由此引起雇主方机构关闭的；

b) 因服兵役或者强制军事训练导致劳动者离开的；

c) 由指定的医疗机构出具的证明劳动者因生病导致的缺勤，其缺勤期限不超过六个月的；这个期限可以延长至找到替代劳动者为止。

第 71 条 在本法第 70 条规定的情形下，雇主应当在预先通知的期限内向劳动者支付相当于其应得报酬数额的补偿，并减去劳动者在其缺勤期间可能获得的其他各类报酬或者补助。

固定期限劳动合同适用的预先通知期限与无固定期限劳动合同的相同，但是，对于后者，中止不具有延长合同最初规定的期限的效力。

当劳动者生病时，可以由雇主所参加的互助医疗服务机构承担本条所指的有关补偿。

第 72 条 劳动者因与工作无关的事由被司法部门监禁，雇主知晓此类状况的，劳动合同中止，最长期限为六个月。此外，因劳动者家庭原因，在雇主给予的特殊假期期间和本法第 74 条规定的临时性失业期间，劳动合同也视为中止。

此种情形下，雇主无需支付有关报酬。另有约定和本法第 74 条的特殊规定除外。

第 73 条 在任何情况下，劳动者的权益都受到现行法律的保护。

第 74 条 当遇到严重的经济困难或者因不可抗力引起的不可预知的事件时，企业的运转从经济上或者从物质上变得不可能或者极其困难的，雇主可以决定中止全部或者部分经营活动。

当临时性失业的原因是经济性质的，雇主在作出决定前，应当召集本法第211条所指的劳动者代表并征求他们的意见。同时，应当通知劳动监察员出席有关会议。

前项决定或者决定草案应当在上述会议召开前至少十五日送交拟参会者。它应当说明临时性失业持续的期限（无论该期限是否确定），可能受影响的员工类别、人数和向员工提供的薪资补偿。

第75条 已确定的临时性失业的期限，到期可以延长。因经济原因续期的，应当遵循本法规定的程序。

无论如何，在任何一个连续十二个月期间内，不得一次或者多次对劳动者实施超过三个月的技术性裁员。三个月后，劳动者有权认为自己已被解雇。在此期限前，劳动者保留辞职的权利。

第六节 劳动合同的解除[8]

第76条 在无欺诈和滥用情形下确定的试用期内，任何一方都可以不经预先通知自由解除劳动合同，并不得要求补偿。

第77条 固定期限劳动合同期限届满即终止，无需支付解雇补偿或者预先通知。但是，仍然应当支付未休完的假期补偿金。

只有在不可抗力、双方协商一致或者另一方存在重大过错时，一方才可以提前解除固定期限劳动合同。任何违反上述规定提前解除固定期限劳动合同的，应当承担损害赔偿责任。

雇主违法解除劳动合同的，应当赔偿劳动者在劳动合同到期前的剩余时间内应当享有的全部工资和福利。

为替换临时缺勤的劳动者订立的未确定期限的固定期限劳动合同，已履行至少六个月的，劳动者有权单方解除该劳动合同。

第78条　劳动者可以随时要求解除无固定期限劳动合同。雇主因与劳动者的能力或者行为有关的正当理由，或者基于企业、机构或者服务运营的切实需要，也可以要求解除该无固定期限劳动合同。

不能作为解雇劳动者的正当理由的是：

1. 本法第5条中所列明的因素；

2. 正在申请，或者正在履行，或者已履行过劳动者代表工作职责的；

3. 因雇主涉嫌违反雇主义务对雇主提出投诉或者参与到已启动的投诉程序中，或者向主管行政当局提出申诉的；

4. 因婚姻、怀孕、疾病或者事故临时缺勤的。

第79条　因劳动者行为或者其能力问题，雇主正式决定与其解除劳动合同前，应当给予该劳动者自我辩护和解释的机会。

双方对此存在争议的，法院可以根据周边环境、岗位的特殊性，特别是用人单位的规模及雇主已履行上述义务的程度确定。

第80条 雇主因经济、技术或者维持企业运行的原因，准备解雇一个或者多个劳动者时，应当在作出决定之前，召集本法第211条规定的劳动者代表并征求他们的意见。同时，应当通知劳动监察员出席有关会议。

但是，按照有关行业惯例和常规做法，项目工程结束时的劳动合同解除，属于正常性质的解雇，不视为经济解雇，集体公约或者集体协议有不同规定的除外。这种解雇应当以书面形式通知，本法第79条的规定不适用于此类情况。

第81条 在本法第80条规定的会议召开前至少十五日，雇主向劳动者代表和劳动监察员提交一份文件，说明计划解雇的原因、涉及解雇的劳动者数量和岗位类别、所采用的顺序标准、可能被解雇的劳动者名单以及预计实施解雇的日期。

雇主应当根据劳动者的专业资格和专业能力以及在企业的服务年限确定解雇的顺序。

依照有关家庭福利的法律规定，已婚劳动者的工龄增加一年，劳动者每个受抚养子女都将使其工龄增加一年。

第82条 会议期间，根据雇主提出的理由、明确的标准和引发的后果，就计划解雇的劳动者名单进行审查和讨论。每个与会者均可提出其建议，目的是尽量避免或者减少可能的解雇人数或者减轻劳动者因被解雇而受到的不利影响，特别是讨论为该劳动者在另一份岗位上进行重新安排的可能性。

第83条　会议纪要由全体与会者签字。在实施解雇前，劳动监察员应当确保本法规定的程序和雇主选定的标准得到了正确地执行。

未遵守上述要求的，劳动监察员以书面形式通知雇主。后者应当在实施解雇前作出答复。

所有未依照本法规定做出的经济性解雇均不合法。但是，劳动监察员或者员工代表的失职，不能成为阻碍此类解雇程序进行的理由。

第84条　解雇计划公布后，雇主应当立即通知劳动监察员。该通知应当以书面形式发出并注明理由。

第85条　发生争议时，解雇的经济原因说明和已履行解雇程序的证明责任由雇主承担。

第86条　因经济原因被解雇的劳动者，除享有预先通知和可能的解雇补偿金外，还可以获得雇主支付的不必缴税的特别补偿金，数额相当于其一个月的税前工资总额。

此外，劳动者享有以个人和集体的名义保留协议离职的权利，有关条件由雇主与劳动者本人和（或者）劳动者加入的工会协商确定。

因经济原因解雇或者经协商离职支付的法定奖金和补偿金是免税的。

第87条　因经济原因被解雇的劳动者，在两年内享有在原企业中同类岗位的优先录用权。

享有优先权的劳动者应当在离职后及时将其变更后的地址通知原雇主。

出现一个无固定期限岗位的空缺或者一个至少六个月的固定期限岗位的，原雇主应当根据原劳动者提供的最新地址以挂号信的形式通知该劳动者，并确认送达。原劳动者应当在收到挂号信后八日内到原企业报到。

第88条 解除无固定期限劳动合同，应当由提出的一方预先通知另一方。

无有关集体公约的，由部长委员会商劳动和就业咨询委员会，结合合同的期限和岗位的性质因素，以法令的形式确定此类预先通知的条件和期限。

第89条 在预先通知期内，雇主和劳动者应当履行各自的义务。

劳动者根据本人的情况，在预先通知期内享有每星期一日的自由时间（可以按日计算，也可以按小时计算）寻找新工作，雇主应当支付全额工资。

一方认为这些义务未得到履行的，可以拒绝此类预先通知的期限，并保留要求对方赔偿的权利。

将被解雇的劳动者已履行预先通知期义务达到一半时间，找到另一份工作，离开雇主从事新工作的，不视为违反有关规定。

第90条 除本法第89条最后一款规定的情形外，其他所有未经预先通知或者未完全履行预先通知期限内义务即解除无固定期限劳动合同的，都将由过错方向另一方支付相应的补偿，其金额相当于在这个预先通知期限内（未实际遵守的通知期限）劳动者应享有的各类报酬和福利。

存在重大过错的,对方可以在不预先通知的情况下解除合同,但是应当书面通知并说明违反合同的理由,并出具由相关司法机构对过错达到严重程度的同意函。

第91条 劳动者不当离职可能导致损害赔偿。发生争议的,由雇主承担举证责任。

任何没有合法理由的解雇,都可能导致损害赔偿。

有关司法机关应当通过调查合同解除的原因和背景认定违法行为。裁判应当明确雇主给出的解雇理由。

第92条 损害赔偿的金额,应当考虑可能证明损害存在及其程度的一切因素,特别是:

a)责任应当由劳动者承担的,损害赔偿的金额应当考虑雇主因劳动合同无法履行遭受的损失;

b)责任应当由雇主承担的,损害赔偿的金额应当考虑行业惯例、劳动者从事岗位的性质、劳动者工龄和年龄及各种应当享有的权利等。

此类损害赔偿不能与未履行预先通知义务产生的补偿和劳动合同或者集体公约规定的解雇补偿相混淆。

第93条 本法第176条规定的工资债权担保,也适用于不遵守预先通知期限产生的补偿和因违规解除劳动合同产生的损害赔偿。

第94条 劳动合同到期后,劳动者有权要求雇主出具注明其入职日期、离职日期、先后担任的职务的性质和日期的证明书[9];雇主拒绝提供的,劳动者有权要求雇主赔偿其经济损失。

本证明书免收印花税和注册费,即使载有"不承担任何责任"字样、任何其他不构成义务或者免责的字样。

第95条 除不可抗力外,企业的停业并不免除本节规定的雇主义务。破产和强制清算不属于不可抗力。

第96条 当事人不得提前放弃本法规定赋予的损害赔偿权利。

第七节 雇主方状况的变更

第97条 雇主(无论是自然人还是法人)状况发生变化,特别是因继承、转让、合并、股权变更、成立公司等原因发生变化的,变化之日仍有效的劳动合同,对新的雇主仍然具有法律效力。

企业自身造成的经营活动的暂时中断,并不妨碍前款规定的适用。

第98条 新雇主保留在本法规定的条件下解除劳动合同的权利。劳动者在其劳动合同未被解除时,不得因雇主状况的变化要求补偿。

译者注

[1] 实务中，为避免产生争议，双方应当将有关事项在劳动合同中予以明确，劳动合同包含的主要内容如下。

- 雇主方：

  若为自然人，则写明其姓名、职业和住所；若为法人或其他组织，则写明用人单位的名称、住址、经营活动性质、用人单位代表的姓名、身份。

- 劳动者方：

  需写明姓名、性别、职业、出生日期和地点、亲属关系、国籍、家庭状况、经常居住地。

- 当劳动者到其经常居住地外工作时：

  需写明招聘地、工作地、休假地、合同终止时的居住地（实务中需要注意，如工作地点会涉及调动，应在劳动合同中明确，否则，雇主未经劳动者同意，不得擅自将劳动者调往其通常工作地之外的地方工作）。

- 劳动合同的性质和期限。
- 劳动者的职业等级。
- 劳动者的工资及相关补助。
- 劳动者的工作及其可能工作的一个或多个地点。
- 劳动合同终止的条件及提前通知期。
- 带薪休假、出差、交通规定。
- 根据法律和集体公约规定，雇主应提供住宿的，还应写明住宿条件，住宿条件应满足健康、卫生、方便的要求。

- 双方商定的其他条款（一般还应写明竞业限制条款和保密条款）。

[2] 根据《1972年12月15日跨行业间集体公约》，不同职业试用期的最长期限要求不一样：

- 非月薪劳动者为八日（8 jours calendaires pour les travailleurs à salaire non mensuel）；
- 月薪劳动者为一个月（1 mois calendaire pour les travailleurs à salaire mensuel）；
- 主管和技术人员为一至三个月（de un à trois mois calendaires pour les agents de maîtrise et les techniciens）；
- 工程师、管理人员及相关人员为三个月（3 mois calendaires pour les ingénieurs, cadres et assimilés）；
- 高级管理人员为六个月（6 mois calendaires pour les cadres pour les cadres supérieurs）。

按照职业分类，不同的职业级别对应的试用期不一样，实践中在劳动合同中确定劳动者岗位或者职位性质时，要特别注意相对应的法语用语。

每个工种或者职业的试用期如何具体确定，应当以第52条第三款规定为原则，不能超出法律法规和相关法律文件及集体公约明确规定的最长时限。

[3] 无明确期限的固定期限劳动合同仍然属于固定期限劳动合同。

[4] 本法主要的劳动合同类型有两种：无固定期限劳动合

同和固定期限劳动合同,在法语语境下,前者简称CDI,后者简称CDD。CDD在本章第四节进行了详细阐述;依照本法第63条规定,不符合本法规定的CDD,视为无固定期限劳动合同,即CDI。在司法实践中,很多案例是因雇主未与劳动者签订书面劳动合同,又不存在其他方式证明双方形成CDD而引发劳动争议,这种情形下很容易被法官认定为双方存在CDI关系。所以,雇主为避免出现纠纷,最好及时与劳动者签署书面劳动合同。

依照本法第60条第四款规定,就国际工程施工类企业而言,因其项目有一定的工期要求,故其与当地劳动者可以签订固定期限劳动合同,并且可以多次延期。

[5] 关于本法第64条,实务中需注意的是,根据劳动监察部门意见修改后的内部规章制度,只有经公示才生效,未经公示,对用人单位、劳动者无法律约束力。公示之日即该规章制度生效之日,可以选择在工作地门口或其他适当场所且劳动者易看到的地方进行张贴公示。为规范劳动者行为,可以在内部规章制度中规定对劳动者的纪律处分,一般有书面警告(avertissement écrit)、训诫(blâme)、临时解雇但不超过四日(mise à pied temporaire sans salaire d'une durée maximum de 4 jours)、解雇(licenciement)。用人单位在劳动者违反规章制度规定的行为发生后应当及时调查并采取措

施，否则，会因超过一定期限而无权追责，一般书面警告有六个月追责期，训诫和临时解雇有一年追责期。用人单位可对劳动者实施上述纪律处分，但不得对其直接进行罚款。

[6] 在中国劳动管理实务中，当劳动者违反劳动纪律时，用人单位习惯于采用罚款形式，但是，在尼日尔共和国境内，禁止对劳动者进行金钱性质的罚款。实务中，对违反劳动纪律的劳动者，可以采用口头警告、书面警告、临时解雇等合法形式进行惩戒；同时，对迟到早退、擅自离岗、旷工的劳动者，可以采用扣减相应工资（扣除缺勤时间对应的工资数额）形式，但是，不能直接进行罚款，否则，很容易遭到劳动者的投诉和劳动监察员的处罚。

[7] 被解雇的劳动者有权享受以下补偿和赔偿（给对方造成损失的情况称为"赔偿"）。

情形一：雇主非法解雇劳动者的（licenciement irreguilier），雇主可能需要向劳动者支付：

- 解雇补偿金（indemnité de licenciement）；
- 带薪休假未休完部分补偿（congé payé）；
- 预先通知补偿（préavis）；
- 非法解雇赔偿金（indemnité pour licenciement irregulier）。

情形二：基于劳动者重大过错（faute lourde）引起的解雇，雇主可能需要向劳动者支付带薪休假未休完部分补偿（congé payé）；劳动者可能要向雇主赔偿因劳动者重大过错导致劳动合同无法履行而给雇主造成的损失（dommages et intérêts）。

情形三：基于某些正当原因但非劳动者重大过错引起的解雇，雇主可能需要向劳动者支付：

- 解雇补偿金（indemnité de licenciement）；
- 带薪休假未休完部分补偿（congé payé）；
- 预先通知补偿（préavis）；
- 特别免税补偿金（spéciale non imposable）。

[8] 劳动合同的解除（rupture du contrat de travail）有如下两种情形：

- 雇主方提出的劳动合同解除（rupture du contrat de travail à l'initiative de l'employeur），即解雇；
- 劳动者方提出的劳动合同解除（rupture du contrat de travail à l'initiative du salarié），即辞职。

[9] 工作证明是劳动合同终止时，雇主应当给劳动者提供的一份文件，文件内容由法律规定，雇主拒绝出具的，劳动者有权要求雇主承担损害赔偿责任。

第三编

工作条件与报酬

第一章 工作条件

第一节 工作时间

第99条 在所有公共或者私人机构,教育或者慈善机构工作的职员、工人,无论其性别、年龄,无论按时间、任务还是按件计算工作,其法定工作时间均为每周四十小时。

超出法定工作时间的部分将以加班工资的形式予以补偿。[1]

兼职工作的,法定工作时间可以缩短。

第100条 所有农业行业的工作时间,以每年二千四百小时为基础。在这一限度内,具体工作时间由法令规定。该法令同时规定加班的管理规定及其报酬条件。

第101条 不同行业和不同职业类别的法定工作时间的适用条件和可能的例外情况,紧急情形,季节性、特殊性工作以及采矿、能源和石油领域中可以允许的最长加班时间,由部长委员会商劳动和就业咨询委员会以法令的形式确定。

第二节 夜间工作

第 102 条 夜间工作的时间段由部长委员会商劳动和就业咨询委员会以法令的形式确定。不同地区的夜间工作的开始和结束时间可能会不同。

第 103 条 禁止不满十八周岁的青年劳动者从事夜间工作,但是,因行业的特殊性质在法令规定的条件下给予特别允许的除外。

第 104 条 不满十八周岁的青年劳动者的连续休息时间不得少于十二小时。

第 105 条 根据工作性质,夜间工作时应当采取的特别保障措施由有关法令予以规定。

第三节 童工 [2]

第 106 条 禁止企业雇用未满十四周岁的未成年人从事劳动,即使是作为学徒;但是,根据地区因素和可接受劳动者申请的工作性质,部长委员会商劳动和就业咨询委员会发布的法令有特别规定的除外。

禁止未成年人从事的工作和行业类别及适用禁令的年龄限制由有关法令确定。

第 107 条 年满十四周岁的未成年人可以从事轻度劳动。但是,雇主应当提前向有关劳动监察员提出申请,劳动监察员应当在八日内做出同意与否的决定。

禁止雇用未成年人从事恶劣形式的工作。

以下被认为是恶劣的未成年人劳动形式：

1. 任何形式的奴役或者类似做法，例如买卖和贩卖未成年人、债务奴役和农奴制以及强迫或者强制劳动，包括强迫或者强制征募未成年人用于武装冲突；

2. 使用、招募或者提供未成年人从事卖淫、制作色情制品或者色情表演；

3. 使用、招募或者提供未成年人从事有关国际公约界定的非法活动，特别是生产和贩运毒品的活动；

4. 根据工作性质或者工作条件可能对未成年人健康、安全或思想造成损害的工作。

使用未成年人从事恶劣形式的劳动，将依法受到制裁。

本条规定的禁止未成年人从事的具体工作清单和企业类别由有关法规确定。

第108条 劳动监察员可以要求有资质的医生对未成年人进行体检，以核实未成年人从事的工作是否超出他们的能力范围。这项要求是应有关利益方的要求而提出的。

禁止雇用未成年人继续从事被认定为超出其能力范围的工作，应当将其分配到合适的工作岗位。无法调整工作岗位的，应当支付预先通知期补偿金，终止劳动合同。

第四节 妇女和孕产妇劳动保护

第109条 妇女和孕妇不得从事的工作岗位由部长委员会商劳动和就业咨询委员会以法令的形式确定。

只有损害妇女生育能力、影响孕妇自身或者其孩子健康的工作，才可以被禁止。

本法第108条的规定同样适用于对妇女劳动者的劳动权益保障。

第110条 任何经医学证明已怀孕或者明显有怀孕特征的妇女都可以辞职，无需因此支付劳动合同解除补偿金。

第111条 妇女生育享受十四周产假，其中产后可以休假八周，产假导致工作的中断不能视为解除劳动合同的理由；因怀孕或者分娩引发其他疾病的，增加产假三周。

在此期间，雇主不能不给予产假。此外，即使征得妇女的同意，雇主也不得在其产后六周内要求其回到工作岗位。

第112条 产假期间，妇女有权要求社会保障机构，在法定的范围内承担其分娩的费用和其他医疗费，以及产假期间一半的工资。她也有权要求雇主承担前述费用。

前款规定不妨碍因修订社会保障相关的法律规定而可能增加的补偿性薪金津贴规定的适用。任何与此相反的协议都是无效的。

为了实现上述目的，由社会保障机构设立一个由雇主缴费作为资金来源的单独的管理账户。

第113条 产后十二个月内，哺乳期妇女（母亲）有权在工作期间对其孩子进行哺乳。每个工作日的哺乳时间不得超过一个小时。

在此期间，哺乳期妇女可以不经预先通知就离职，不必支付解除合同补偿金。

第五节 每周的休息

第114条 每周的休息是强制性的，应当保证每星期至少连续二十四小时的休息。

第115条 每周休息的具体实施方式，特别是根据职业或者工作环境的具体情况，可以采取轮休、集中休息，或者以宗教节日、当地节日替代的方式，或者在长于一个星期的期间内重新进行调整，由部长委员会商劳动和就业咨询委员会以法令的形式确定。

第六节 带薪休假

第116条 除在集体公约或者劳动合同中注明对劳动者更有利的条款外，所有劳动者，无论其年龄，每实际工作一个月有权享受两天半的带薪休假。

在同一企业连续或者累计服务满二十年的，带薪假期增加两日（工作日）；服务满二十五年的，增加四日；服务满三十年的，增加六日。

第117条　无论工作时间长短,在当年1月1日时未满二十一周岁的青年劳动者,如果他们愿意的话,可以要求三十日的休假;但是对超出按照实际已完成工作应当休假天数的部分,他们不得要求雇主支付休假补助。

第118条　依照本法第161条第一款的规定,劳动者的经常居住地在非洲外的,每实际工作一个月有权享受六天的带薪休假。

第119条　当年1月1日未满二十一周岁的女性劳动者或者女性学徒,可以按照每个抚养的孩子增加两日(工作日)的额外带薪假期;二十一周岁以上的女性劳动者或者女性学徒,如其抚养的孩子超过三个,对超出部分享有同样的权利。

在民事登记处登记的未满十五周岁的儿童视为被抚养的孩子。依照本条其他规定确定的正常假期时间超过六日的,为母亲提供的额外带薪假期减少为一日。依照本条确定的额外带薪假期总共不得超过六日。

优秀劳动者每年可增加一个工作日的带薪休假。

第120条　在计算带薪休假时,不得减去因工伤事故或者职业病而造成的缺勤,不得减去依照本法第111条规定的妇女产假,不得减去经过医生证明的不满六个月的病假,也不得减去服义务兵役的时间。

在上述基础上,只要在同一雇主处提供有效服务,无论工作地点在哪里,对应的带薪休假都应计算在内。

因家庭原因经批准获得的休假不得从带薪休假中扣除。但是,对节假日之外申请的特别假,劳动者在事后没有补回这些缺勤时间的，应该从带薪休假中扣除。

第 121 条 关于带薪休假制度的规定，特别是关于休假的安排和休假补助的计算，必要时，可以由部长委员会商劳动和就业咨询委员会以法令的形式确定。

第 122 条 实际工作时间达到十二个月，才有权享受带薪休假。

实际工作时间不超过二十四个月的，经当事双方协商一致，可以推迟休假。

第 123 条 在集体公约或者劳动合同中，可以规定在工作更长时间后，享受超过本法第 116 条第一款规定的带薪休假时间，但是此工作时间不得超过二十个月。

在本法第 122 条第二款所指的情况下，劳动者第一次有权获得休假的实际工作时间最多为二十四个月，其后最多为二十个月。

第 124 条 劳动合同在劳动者有权休假前被解除或者到期的，雇主应当依照本节规定、集体公约或者劳动合同的约定向劳动者支付代替其休假的补偿金。

除此之外，任何要求以经济补偿形式取代带薪休假的规定都无效。

按小时或者按日被雇用（短期工作不超过一日）的劳动者，有权在不迟于一日结束时，获得当日工资和相应的带薪休假补助。

第 125 条 劳动者可以自由选择度假地，并遵守本法第 126 条、第 129 条和第 132 条的规定。

第126条 在劳动者开始休假时和休假期间，雇主至少应当向劳动者支付休假之日前十二个月内应当领取的工资和本法第166条规定的各项补助。

集体公约或者劳动合同可以规定在计算假期补助时扣除本法第162条规定的路途补偿金。扣除后，本享受此补助的劳动者休假时可以增加路途时间。

除另有协议约定外，路途时间不得超过劳动者从工作地到经常居住地的必要往返时间。

第七节 路途和交通

第127条 在不违反本法第132条规定的前提下，劳动者及其配偶和通常与劳动者同住的未成年子女的路途费和行李运输费用应当由雇主承担：

1. 从经常居住地到工作地。
2. 从工作地到经常居住地：
——固定期限合同期满时；
——劳动者依照上节规定获得休假权时劳动合同终止的；
——因雇主原因或者因雇主重大过错导致合同解除的；
——因不可抗力导致劳动合同解除的。
3. 在正常休假的情况下，从工作地到经常居住地的来回路程。

仅当休假到期日是在劳动合同终止日前，且休假劳动者已返回其工作岗位时，雇主才支付其返程的费用。

另外，劳动合同或者集体公约可以约定某个最低工作期限，劳动者工作期低于这个期限的，雇主可以不承担劳动者家属的交通费用。这个期限不得超过十二个月。

第128条　由于本法第127条所述以外的原因或者由于劳动者的重大过错终止合同的，雇主应当承担的往返交通费用与劳动者的实际工作时间成正比。

第129条　根据劳动者在公司中的级别情况、雇主关于其工作人员的规定或者当地的惯例确定交通工具等级和行李重量。任何情形下，计算行李重量时都应当考虑家庭行李重量。

第130条　路途和交通，除另有规定外，采用雇主选择的常规路线和运输方式。

劳动者选用的路线和交通工具费用超过雇主规定的费用的，雇主只需支付依照规定应当由其承担的费用。

劳动者使用更经济的路线或者交通工具的，只能要求报销实际发生的费用。路途期限不包括在本法第60条规定的最长合同期限内。

第131条　劳动者选择的路线和运输方式比雇主通常选定的需要更长的路途时间，除另有协议约定外，劳动者不得以此要求比常规方式更长的路途时间。

劳动者选择更快的路线或者运输方式的，继续享有雇主选择的常规路线和方式所需要的时间，以及实际休假的时间。

第132条　在劳动者终止劳动服务后，劳动者可以自终止之日起两年内享有向原雇主提出补偿其应当享有的假期、路途和交通费用的权利；但是，路途费用只有实际发生的，雇主才支付。

第133条 本节规定不得妨碍外国人入境和居留条件规定的适用。

劳动者有权要求雇主以现金支付遣返费用，但是应当在其证明已支付的保证金范围内。

第八节 商店

第134条 商店是指由雇主直接或者间接经营，向劳动者出售或者出让各类商品以满足劳动者个人日常需要的机构。

此类商店应当满足以下三个条件：

a) 不得强迫劳动者去商店消费；

b) 商品只能以现款出售，不得盈利；

c) 商店的财会应当是独立的，并接受劳动者选出的监督委员会的监督。

商店出售的所有商品都应当明码标价。在企业内设立的所有商业性机构都应当遵循上述条款的规定，但是，工人自己的合作社除外。

禁止在商店和劳动者工作的场所出售酒精和烈酒。

第135条 依照本法规定设立的商店需事先上报劳动部长，由其根据劳动监察员的意见决定批准与否。

劳动部长可以根据劳动监察员的提议在所有企业内中设立此类机构。

商店的运作受劳动监察员的监督。发现存在违规行为的,劳动监察员可以下令暂停其营业,最长停业期限为一个月。

劳动部长可以根据劳动监察员的报告,下令永久关闭此类商店。

译者注

[1] 关于工作时间，需特别注意加班工资的计算。依照尼日尔共和国第 2017-682/PRN/MET/PS 号法令第 145 条的规定，每周超过法定工作时间的第四十一小时至四十八小时的白天加班增加正常工资的 25%（《1972 年 12 月 15 日跨行业间集体公约》第 44 条规定为 10%）；每周超过四十八小时的白天加班增加正常工资的 35%；每周超过法定工作时间的夜间加班增加正常工资的 50%；每周星期日和法定节假日白天加班增加正常工资的 50%，星期日和法定节假日夜间加班增加正常工资的 100%。

实务中，中资企业因生产经营需要确需劳动者加班的，建议提前与当地劳动部门进行沟通，获得其批准，按规定计发加班工资，避免由此引发一系列劳动争议或者群体性罢工事件。

[2] 本法"儿童"一般是指未满十八周岁的未成年人。本法绝对禁止雇用未满十二周岁的未成年人，雇用十二周岁及以上的未成年是有条件限制的。现实中，因尼日尔共和国经济发展水平低，人民生活困难，存在大量童工，为避免行政罚款风险，建议在尼中资企业切勿为降低劳务成本雇用不满足法定工作年龄的儿童，因小失大。在招聘劳动者时，对其年龄进行核实，限定在十八周岁以上。

第二章　职业卫生、安全和健康

第一节　卫生和安全

第136条　为了保证劳动者的生命和健康，雇主应当根据企业经营条件采取所有必要措施。特别是为了最大限度地保护劳动者免受事故和疾病的影响，应当对生产设施和组织进行合理安排。

通过其他措施不能有效保证劳动者免受事故和疾病伤害的，雇主应当向劳动者提供和维护合理预期内的个人防护工具和防护服以保证其在生产过程中的安全。

第137条　所有雇主都有义务为新聘和调换工作岗位的劳动者提供健康和安全培训。在法律或者法规发生变化时，应当重新提供这种培训。

雇主应当告知所有劳动者及其他有关人员，尤其是临时劳动者，其工作场所可能存在的危险及可以采取的预防和保护措施。

第 138 条　在企业内，禁止任何人向劳动者兜售或者发放酒精类饮料。

第 139 条　雇主或者其代表应当经常性地组织卫生和安全法规执行情况方面的检查。

同一处工作场所，同时有多家用人单位的，所有用人单位应当合作采取有效措施保障卫生和安全规定的实施。

劳动者应当依照有关规定正确使用各类防护设施，未经雇主同意，不得随意改变和取走此类防护设施或者措施装置。

劳动者在工作过程中有合理理由认为他们的生命或者健康受到严重的和紧急的威胁，或者安全防护设施出现问题的，应当立即通知雇主或者其代表。

第 140 条　符合本法规定的不同企业应当采取的健康保护措施，特别工作场所、照明、通风或者换气、饮用水、污水池、粉尘和蒸汽排放系统，以及对火灾、放射性、噪音和振动应当采取的防护性措施；随着需求的出现，对某些职业、某些工作、工作方式或者模式作出的特别规定，这些都由部长委员会商职业健康和安全专业咨询委员会以法令的形式确定。

这些法令包括限制或者管制对劳动者有害的使用物质和制剂清单，以及禁止以任何理由制造、销售、进口、转让和使用的机器或者其危险部件清单。

第 141 条　本法第 140 条所指的法令还应当明确劳动监察员在何种情况下和何种条件下可以进行必要的干预和处理。

第142条　此类干预和处理必须以书面形式提出，可以在《雇主登记册》上提出，也可以通过带签收回执的挂号信送达。此类文件需注明日期并签名，明确已查明的违法行为或者危险，并明确消除这些违法行为或者危险的时限，除特别紧急情况外，此时限不得少于四整日。

第143条　工作条件对劳动者的安全或者健康造成危险，未被本法第140条所指的法令所涵盖的，劳动监察员依照本法第142条规定的形式和条件通知雇主，要求其纠正。

存在迫切需要保护劳动者生命或者人身安全的紧急情况的，劳动监察员可以向司法机构提出申请，请求其下令全部或者部分关闭企业，直至满足正常的安全条件要求。

此类因安全原因造成企业临时关闭给劳动者造成损失的赔偿条件和程序由部长委员会商劳动和就业咨询委员会以法令的形式确定。

第144条　雇主应当依照工伤事故和职业病赔偿条例规定的形式和期限申报突然发生的任何工伤事故或者发现的职业病。

自事故发生之日或者职业病的首次医学确诊之日起两年内，劳动者或者其代表也可以直接申报。职业病的首次医学确诊的日期视为事故发生的日期。

第145条　员工人数达到五十人以上[1]的用人单位，应当设立由雇主或者其代表和本法第211条所指的劳动者代表组成的职业安全与健康委员会。

劳动监察员可以在必要时要求在员工人数不满五十人的用人单位设立职业安全和健康委员会，特别是存在因经营活动、行业风险程度、工作性质、工作场所的布局或者设备等因素会引起特殊危险的。

用人单位可以对前款劳动监察员的决定提出申诉。

第146条　在不影响员工代表行使职权的情况下，职业安全与健康委员会应当负责审查为员工提供保护的健康和安全条件，包括由外部企业提供给雇主的健康和安全条件，对法律和法规在企业实施情况进行监督，并致力于企业所有员工的健康和安全教育培训。

同时，职业安全和健康委员会对内部规章制度的制定和保证安全、健康条件的任何形式的修改给出意见。

雇主应当向职业安全和健康委员会提交有关劳动者可能遭受的职业风险和准备采取的预防措施的评估报告。此类评估报告应当至少每两年更新一次。

第147条　关于本法第145条和第146条的实施细则，以及不同企业参加职业安全和健康委员会会议的非委员会成员的组成，都由部长委员会商职业安全和健康专业咨询委员会以法令的形式明确。

第二节　职业健康服务

第148条　雇主应当为其雇用的劳动者提供职业健康服务。

这一义务的程序由部长委员会商职业安全和健康专业咨询委员会以法令的形式确定。根据当地实际情况、雇主所安置的劳动者及其家庭成员的数量，由该法令规定定期体检及其分类的条件，根据企业的不同类别确定提供医生和护士义务服务的规模。

第149条 事先征求卫生部长意见后报劳动部长批准的医生、护士，才适用本法第148条的规定。

第150条 劳动者不满一千人，且位于医疗中心或者官方诊所附近的企业，可以依照由部长委员会商职业安全和健康专业咨询委员会以法令的形式确定的程序，利用该医疗中心或者诊所为其劳动者提供护理咨询服务。

设立多家企业共有的医疗服务、门诊或者普通医务室组织机构的程序，由部长委员会商职业安全和健康专业咨询委员会以法令的形式确定。

参与上述组织机构运作的每家企业仍然需要设立一个带有一个隔离室的紧急医务室，其中病床、医疗器械和用品数量由劳动部长商职业安全和健康专业咨询委员会确定。

第151条 平均劳动力超过一百人的各个经营场所，根据病人要求，每天早上对宣称生病的劳动者进行一次检查。劳动者的配偶和子女提出要求的，也可以前来接受检查，并在必要时接受必要的护理和治疗。就诊的结果记录在一个特定登记册上，其模板由部长委员会商职业安全和健康专业咨询委员会以法令的形式确定。

第152条 劳动者或者本法第161条规定的其配偶、与其同住的子女生病的，雇主应当在本节规定的条件范围内免费对他们进行治疗和提供药品，并为在现场接受治疗的生病的劳动者提供免费食物。

雇主应当依照现行法规为携带艾滋病病毒和受镰状细胞贫血影响的劳动者提供护理。这些疾病不能作为解雇劳动者的理由。

第153条 现场医疗条件不能救治的，雇主应当将可转移的伤员和病人送往最近的医疗机构。

雇主没有能力运送病员的，应当立即向最近的行政区负责人报告，该行政区负责安排适当的方式进行运送。

行政部门因此产生的费用应当按照官方的医疗运输费率报销。

第154条 雇主应当提供的药品和配套设施的条件由部长委员会商职业安全和健康专业咨询委员会以法令的形式确定：

1. 劳动者人数超过一百人的，必须设立一个医务室；

2. 劳动者人数在二十人以上一百人以内的，必须设立简易的包扎场所；

3. 劳动者人数不满二十人的，必须配备急救箱。

第三节 新兴风险

第155条 精神焦虑、吸烟成瘾、酗酒、吸毒和感染艾滋病病毒是职场中新兴的健康风险。

所有雇主都有义务告知和提高员工对新兴风险的认知,并提供心理援助。

第156条　无论何种情况,雇主都不得在招聘时,要求求职者进行是否携带艾滋病病毒和患有镰状细胞贫血的检查。

译者注

[1] 为保证中文译文统一性，au moins 在本法中译为"××以上"，包含本数。同时，需注意的是，本法中文译文的"以上""以下""以内""届满"，均包括本数；"不满""超过""以外"，不包括本数。

第三章 工资

第157条 雇主应当向劳动者支付的报酬或者工资包括：根据劳动者所从事的岗位，通过现金或者实物形式向劳动者直接或者间接支付的基本工资或者最低工资以及其他各类福利。

第一节 工资的确定

第158条 在本章规定的条件下，无论劳动者的出身、性别、年龄和地位，雇主应当确保同工同酬。

第159条 对薪酬的不同组成部分，应当遵循男女平等原则。

劳动者的职业分类和等级与职业晋升标准不应有性别差异。

在任何情况下，工作评价方法都应当主要基于工作所涉及的工作性质的客观因素。

第160条 劳动者有明显理由认为雇主存在违反本法第158条、第159条规定的歧视性行为的，由雇主举证证明不存在此类歧视行为。

第161条 来自工作地以外且工作地点不在其经常居住地的固定劳动者不能凭其自身能力为自己和其家人解决住宿的，雇主应当依照部长委员会商劳动和就业咨询委员会以法令确定的条件解决前述劳动者的住宿问题。[1]

同样，劳动者依靠其自身能力无法为自己和其家人定期提供必要的基本食品的，其雇主应当为其解决此类问题。这些可能的补助构成劳动者工资的一部分。

第162条 劳动者工作地的气候条件与其经常居住地存在很大不同的，或者劳动者因为工作必须远离其经常居住地的，其通勤和驻守期间产生的费用和额外风险的补助金由集体公约或者劳动合同确定。

劳动者因工作原因必须临时离开其工作地的，有权享有出差补助；出差补助金额由有关集体公约或者劳动合同确定。

第163条 不存在有关集体公约的，不同行业、各个专业类别、加班、夜班和非工作日工作的最低工资标准以及工龄和出勤奖金，由部长委员会商劳动和就业咨询委员会以法令的形式确定。

第164条 按件或者任务计酬的劳动者工资，应当按照从事此类职业的劳动者的平均工作能力计算，至少等同于从事类似工作按时计酬的劳动者正常工作时的工资水平。

第165条 按件或者按任务计酬的工种的最低工资标准和报酬条件应当张贴在雇主的办公室和工资发放处。

第 166 条　服务报酬全部或者部分由不属于费用报销性质的佣金或者各类奖金和补助金或者代表性补贴组成的，计算带薪休假期、预先通知期和有关损害赔偿时，应当将这部分服务报酬考虑在内。

计算带薪休假期、预先通知期和有关损害赔偿时，服务报酬金额标准是前款中规定的各项要素的月平均值。

计算带薪休假期、预先通知期和有关损害赔偿时，考虑的期限标准不超过停止工作前的十二个月。

第 167 条　任何缺勤都不得计算工资，但是，现行特别规定或者利害关系方之间有特别约定的除外。

第二节　工资的支付

第 168 条　即使存在相反的规定，也应当使用法定货币支付工资，严禁以酒精或者含酒精的饮料支付全部或部分工资。

除本法第 161 条第一款和第二款列明的情况外，严禁以实物的形式发放全部或者部分工资。

雇主不得以任何理由限制劳动者对其本人工资的支配。

第 169 条　除不可抗力外，应当在工作地或者工作地附近的雇主办公室发放工资。

同时，应劳动者的要求，可以以银行转账或者划线支票的形式发放工资。

任何情况下，严禁在酒类商店或者销售商店发放工资，除非是劳动者的工作场所；同样严禁在劳动者休假日发放工资，除非是以银行转账的形式。

第 170 条 除由劳动部长商劳动和就业咨询委员会以决定的形式确定的某些不定期发放工资的特殊职业外，其他任何职业都应当定期发放工资。按日或者星期计酬的，工资发放的最长间隔期限不得超过十五日；按半月或者月计酬的，最长间隔期限不得超过一个月。

必须在月度工资计算期结束后八日内发放月度工资。

按件或者量计酬且持续时间超过半个月的，支付日期可以由双方协商确定。每半个月劳动者至少应当获得最低工资的 90%，在工作任务完成后半个月内获得剩余报酬。

一个季度的佣金应当在本季度结束后三个月内予以发放。一个财政年度内的红利应当在下一年度内发放，发放时间最早开始于第三个月，最晚结束于第九个月。

第 171 条 劳动者发薪日未到岗的，可以在出纳处正常营业时间内按照企业内部规章制度规定领取工资。

第 172 条 劳动合同终止或者解除的，应当在劳动者离职时向其支付工资和有关补贴。

但是，存在争议的，雇主可以向劳动法庭庭长申请将全部或者部分可扣押的应付款项存入该法庭的书记处。

在工作终止后五日内，雇主可以通过书面或者口头声明向劳动法庭书记员提交有关申请，并由后者进行专门登记。有关申请将即刻转交庭长，庭长将尽可能早地确定听证会日期，甚至可以立即举行听证会。

依照本法第300条规定，当事人将被立即传唤出庭。当事人应当在法庭庭长确定的日期和时间亲自出庭，也可以依照本法第301条的规定获得协助或者委托代表出庭。

即使存在异议或者上诉，该裁判仍然可以立即执行。

第173条 工资的支付应当由雇主或者其代表提供文件证明，并由当事人签字，劳动者是文盲的，由两名证人在场证明。[2]

如同保存其他财务票据一样，雇主应当保留工资单以备劳动监察员的检查。

除劳动监察员授权的例外情况外，雇主应当在支付工资时向劳动者发放个人工资单，其模板由部长委员会商劳动和就业咨询委员会以法令的形式确定。雇主应当在为此目的备存的登记册上记录工资的支付情况。

第174条 在履行劳动合同期间或者终止劳动合同后，不得强制劳动者签署"一次性支付完成"声明或者任何等同效力的声明，让其放弃按照劳动合同享有的全部或者部分权利。

劳动者不反对或者无保留地接受工资单并不意味着劳动者放弃了依照有关法律法规规定本应属于他的全部或者部分的工资和各项补助。这种接受也不意味着劳动者确认这是雇主最终应支付的金额。

第三节　工资债权的优先权、担保及时效

第175条　不得扣押用于支付具有公共工程性质的承包商的款项，也不得损害应付工人工资部分的利益。对工人工资的支付优先于对供应商的支付。

第176条　在特别法律文件规定的条件下，债务人的动产和不动产可以作为工资债权的担保，这些特别法律文件赋予某些劳动者直接处置的权利或者一些特权。

第177条　本法第175条和第176条不适用于实际赚取的剩余未付工资不可扣押的部分，这部分金额是指工人工作最后十五日的工资或者普通职员工作最后三十日的工资，或者出差人员和商业代表最后九十日的佣金，或者在最后一个付款期间应付给商船海员的工资。

这一不可扣押部分是指应付工资和佣金与本法第181条规定的法令确定的这些工资和佣金的可扣押部分之间的差额，其适用下列特别程序：

a) 尽管还有别的债权人，但是，只要债权管理人或者清算人具有足够资金，就应当在宣布破产或者司法清算后十日内，依照法官专员简单的命令支付这些工资和佣金中的不可扣押部分；

b) 资金条件无法满足的，这部分不可扣押的工资和佣金部分在资金一旦到位的情况下就应立即进行支付，尽管还存在其他优先债权人；

c）获得债权管理人、清算人或者其他任何人的借款得以支付这部分不可扣押部分的，这类借款人将取代劳动者成为债权人，一旦必要的资金到位，这类借款人最先获得偿还，其他任何债权人都不得提出异议。

对本条款的施行，这类工资的金额不仅包括工资和薪金本身，还包括其他各类辅助部分，如预先通知补偿金、带薪休假补偿以及任意解除劳动合同的补偿。

第178条 占有其所加工物品的工人可以行使留置权。

委托工人进行加工、制作、修理或者清洁的动产，两年内未收回的，可以依照法令规定的条件和形式出售。

第179条 要求支付工资的诉讼时效为两年。时效期限自工资到期之日起计算。账户被冻结、处在司法程序或者履行司法义务或者存在司法传票有效期限内，或者存在本法第318条第二款规定的情形的，时效中断。

第四节 工资的扣除

第180条 除强制性征税、集体公约和双方劳动合同规定的押金外，只有存在支付扣押或者根据劳动者本人的意愿才能从工资或者薪金中扣除款项，且需经劳动者经常居住地法官（如果没有，则由劳动监察员代替）同意，以用于偿还雇主向劳动者支付的预支现金。

但是，法官或者劳动监察员距离企业超过二十五公里的，经双方同意，以书面形式提交最近的行政部门负责人。

在工作期间的部分付款不视为借款。无论何种情况，除规定的工资可扣押部分和由劳动法庭书记处依照本法第172条规定冻结的金额范围外，禁止将劳动者工资或者薪金与其应当偿还的款项相抵，特别是在损害赔偿方面。

第181条 应征收累进税的工资部分和有关税率由部长委员会商劳动和就业咨询委员会以法令的形式确定。

依照本法第180条规定的每笔工资被扣除的部分，不应超过前款法令规定的比例。在计算扣除金额时，不仅要计算工资本身，还要加上所有补助部分。但是，不包括现行法律规定的不可扣押的赔偿款、作为劳动者已发生费用的报销款和用于家庭的各项补助或者补贴。

第182条 任何其他赋予雇主预先扣除劳动者工资权利的公约或者合同的规定，均无效。

违反本法规定扣除劳动者工资的，自应当支付之日起按法定利率计息，劳动者可以在规定的时效期内主张，该时效在合同期内处于中断状态。

本节的规定不影响建立有关养老金和退休的法律或者法规。

译者注

[1] 如何判断本法第161条劳动者是否属于"不能凭其自身能力为自己及其家人解决住宿问题",是实践中最常遇到的问题之一。实务中,劳动监察员、劳动法庭法官判断的标准主要是"因工作原因,劳动者不得不居住在某地或任何其他地方,而这些地方又无合理住宅选择的"。该住宿条件相当于部分实物补助,雇主提供住宿的,可不再支付现金形式的住宿补助,这些补助构成工资的一部分。

[2] 本法第173条第一款表明工资支付的举证责任由雇主承担,雇主若不能证明其已经按时支付工资,则由其承担举证不能的法律后果。实务中,尤其需要注意的是劳动者为文盲的情形,必须有两名证人在场证明。对拥有众多当地工人的中资企业,可以安排集中给工人发放工资,多人工资在一张工资表中,可相互作为见证人;单独给文盲工人支付工资时,应当让两名目击者在工资单上同时签字。当地人签名与姓名差别较大,务必在工资单中写明劳动者基本信息,否则,易因工资领用人信息无法核实而被法官认定为已支付证据证明力不足。

第四编

职业代表机构与集体协商

第一章 职业工会

第一节 工会自由和工会组成

第183条 从事同一行业、类似行业或者相关行业,协助生产特定产品或者从事同一自由职业的人,可以自由成立职业工会。

任何劳动者或者雇主都可以在其职业范围内自由加入其选择的工会。劳动者已离职的,只要其已履职一年以上,仍然可以选择加入此类工会。

第184条 职业工会是为了研究和维护经济、工业、商业和农业等行业的利益。

其目的是促进和维护其成员物质上、精神上和职业上的利益。

第185条 雇主和劳动者的工会组织的代表性由专业选举结果决定。这些选举结果产生的分类由劳动部长发布的决定确定。

这些选举的组织形式由劳动部长商雇主和劳动的工会组织以决定的形式确定。

确定企业中工会的代表性，应当考虑员工代表选举的结果。

第186条 企业负责人或者其代表不得通过支持或者反对任何工会组织的方式施加压力。

对待劳动者，雇主应当遵守本法第5条的规定。

第187条 允许在企业内部收取工会的费用。同样，劳动者以书面形式授权和确认的，雇主可以从劳动者的工资中扣除有关工会费用。

第188条 雇主采取的任何违反本法第183条、第186条和第187条规定的措施均无效，并承担损害赔偿责任。这些规定属于公共秩序。

第189条 所有职业工会的成立人应当提交工会的章程和领导层或者管理层成员的名单。

这份报告应当提交给工会所在地的市政府或者地区行政部门，后者应当提供收据。章程副本送交辖区内的劳动监察员和共和国检察官。

工会章程内容的修改和领导层或者管理层组成的变更，应当按照相同的程序向前款权力人报告。

第190条 职业工会领导层或者管理层的成员必须是享有有关选举法律规定的公民权和政治权的尼日尔公民。

在尼日尔长期居住三年以上的外国人，享有同样的公民权和政治权的，可以加入此类工会的管理层和领导层。

三年的期限不适用于签署有关工会组织互惠条约的国家的公民,也不适用于依照国家立法授权无需三年以上居住时间也可担任工会职务的外国人。在这些情况下,该期限应当予以删除或者减少到条约、有关国家法律规定的期限。

第191条 已满十六周岁的未成年劳动者也可以加入工会组织。

第192条 即使存在任何相反的规定,职业工会的成员也可以随时退出工会,但是不影响工会组织在成员退出后六个月内要求其缴纳会费的权力。

第193条 工会自愿、按照章程规定或者司法解散的,其财产应当按照章程或者无章程时大会确定的规则转让。在任何情况下,都不得在工会成员之间分配。

第二节 工会的民事主体资格

第194条 职业工会具有民事主体资格,有权进行诉讼,并有权无偿或者有偿取得动产或者不动产。

第195条 职业工会可以就直接或者间接损害其所代表的职业的集体利益的行为,在法庭上,行使民事当事人享有的所有权利。

第196条 职业工会可以运用其资源为劳动者提供住宅,获得用于其成员的文化或者体育活动场所。

第197条 职业工会可以创建、管理或者资助专业活动,如养老机构、团结基金和实验室,运动场所、科学、农业或者社会教育活动，以及与职业有关的课程和有意义的出版物。

职业工会的会议室、图书馆和职业教学课程所必需的动产和不动产是不能扣押的。

第198条 职业工会可以资助生产性或者消费性的合作社。

第199条 职业工会可以与其他工会、社会团体、企业或者个人签订有关的合同或者协议。在本法第四编第三章规定的条件下订立劳动集体公约。

第200条 工会经章程授权并保证不向成员分配利润和给予回扣的，可以从事以下活动：

1. 购买所有必需的用于他们职业的物资，包括原材料、工具、仪器、机器、肥料、种子、树木、动物和饲料等，然后出租、出借或者分配给工会成员；

2. 为销售完全由工会会员个人劳动或者经营所得的产品，无偿提供中介服务的；

3. 通过展览、广告、出版物、订单和装运组合为销售提供便利，但是不能以工会名义和由工会承担责任进行销售。

第201条 与专业有关的所有争议和问题，都可以向工会进行咨询。

对存在争议的事项，应当抄送工会的意见并告知当事人。

第三节 工会商标

第202条 依照有关法令确定的条件,工会可以注册自己的商标或者标签,获得此类商标的独家所有权。

这些商标或者标签可以标示在所有的产品或者物件上以证明它们的原产地和生产条件。任何出售此类产品的个人和企业都可以使用。

第203条 使用工会商标或者标签的,不得损害工会自由与雇主相对于职工工会的中立性。

集体公约、合约、协议中要求雇主使用工会商标必须保留或者雇用该商标所属工会的成员的所有条款,均无效。

第四节 互助和养老基金

第204条 依照现行法律规定,工会可以在其成员之间成立特别的互助和养老基金。

第205条 对本法第204条所指的特别基金,在法律规定的限额内予以免税和免于扣押。

第206条 任何已向此类互助和养老基金交纳或者支付费用的个人,在其离开工会后,仍然享有对于这些基金相应的权利。

第五节 工会联盟

第 207 条 依照本法规定成立的职业工会,可以自由商讨、研究和维护其经济、工业、商业和农业利益,维护和促进其成员的物质、精神和职业利益。它们可以自由组成任何形式的联盟。

第 208 条 本法第 183 条、第 186 条、第 187 条、第 188 条和第 191 条的规定同样适用于工会联盟。工会联盟也应当依照本法第 189 条的规定报告其名称和住所。

工会联盟的章程应当确定参加工会联盟的工会在董事会和股东大会中设定代表的规则。

第 209 条 工会联盟享有本法规定的一切职业工会享有的权利。

第 210 条 因工会活动需要,可以发布有关法令,向工会联盟提供必要的活动场所。

第二章 用人单位劳动者代表

第211条 用人单位劳动者代表包括员工代表和工会代表。

集体公约或者协议可以设立其他具有代表性的机构,如企业或者机构委员会。在这种情况下,在这些机构中具有劳动者身份的成员代表也被视为本法所指的劳动者代表。[1]

第一节 员工代表

第212条 在雇用超过十名劳动者的用人单位中,员工代表通过选举产生,任期两年,可以连选连任。

第213条 本法第212条所指的选举通过匿名投票的方式进行,候选人名单由用人单位内最具代表性的工会组织按照不同员工类别确定。

参加投票人数少于登记人数一半的,进行第二轮投票,选民可以投票给工会提出的候选人以外的人。

选举按照代表比例进行,剩余席位给得票最高者。

第214条 不论性别,凡年满十八周岁,在用人单位工作超过六个月，享有公民权和政治权的劳动者均可以作为选民。

第215条 所有年满二十一周岁，在用人单位连续工作十二个月以上的选民，除用人单位负责人的直系亲属、兄弟和同级盟友外，均有资格当选。

第216条 在选举每名代表时，按照同样条件一并选举一名候补代表。前者因故缺席、死亡、辞职、被免职、职业类别变更、劳动合同终止，丧失资格条件的，后者可以取代前者。

第217条 关于选民、员工代表资格和选举程序合法性的争议，由劳动法庭庭长负责，立刻作出终审裁判。

对劳动法庭庭长作出的裁判，可以向最高法院提出申诉。

第218条 员工代表的主要任务有：

1. 向雇主提出关于员工工作条件、员工保护、集体公约的适用、职业分类和工资比例方面未得到直接解决的所有个人或者集体请求；

2. 向劳动监察员提交其管辖范围内的所有关于各项法律法规实施情况的投诉或者索赔请求；

3. 监督有关员工卫生、健康、安全及社会保障规定的适用，并提出有效措施；

4. 向雇主提出所有有助于改善企业运作和提高生产效率的建议；

5. 当雇主因经营活动减少或者内部机构重组实施解雇措施时，向雇主提供意见和建议。

第 219 条 尽管存在本法第 218 条的规定，劳动者仍然有权自己直接向雇主提交他们的请求和建议。

第 220 条 用人单位负责人有义务给予员工代表必要时间履行职责，除特殊情况以外，每月不得超过十五小时。[2]

前款时间视为正常工作时间。雇主召集员工代表举行会议的时间不计算在内。

第 221 条 雇主或者其代表每月至少一次集中接待员工代表们。此外，紧急情况下，可以应员工代表要求进行接待。

第 222 条 必要时，对本节内容的实施细则，商劳动和就业咨询委员会以法令的形式确定。

该法令还应当明确代表的人数和专业分布、具备的个人才能以及由选举团体罢免代表职务的条件。

第二节 工会代表

第 223 条 在一家雇用五十名以上劳动者的用人单位中，定期成立的工会组织和本法第 185 条最具代表性工会组织均可以任命工会代表。

已经存在选举团体的，代表性的标准由这个团体做出判断，并且有关工会组织只向这个团体推举候选人。

第 224 条 无论对雇主还是劳动者，工会代表均保证了其所属工会在用人单位中的代表性。

当雇主必须召集员工代表举行会议时，工会代表应当参加并可以在会议上发言，应当获得雇主向员工代表传达的所有信息。

为行使工会代表职能，工会代表享有和员工代表相同的活动时间。

第 225 条 代表资格不满足要求或者工会决定终止其代表资格的，工会代表的任期结束。

工会代表的劳动合同被解除，或者辞去工会职务，或者丧失被任命条件的，工会代表的资格也将被终止。

第 226 条 本节内容的实施细则由部长委员会商劳动和就业咨询委员会以法令的形式确定。

第三节 劳动者代表的解雇

第 227 条 雇主在解雇本法第 211 条规定的劳动者代表时，无论何种原因，都应当提交劳动监察员决定。

劳动监察员应当在收到此类解雇申请后八日内予以答复，需有关专家协助的，此期限可延长至二十一日。

劳动监察员应当将注明理由的决定通知雇主，同时，抄送劳动者代表。

存在重大过错的，雇主可以立即通知当事人临时停工，等待劳动监察员作出最终决定。

临时停工期限不得超过一个月，停工期间，当事劳动者不得要求任何报酬，除非解雇申请被驳回。

未取得劳动监察员事先授权或者劳动监察员驳回解雇申请的，雇主解雇劳动者代表的行为，无效。

不服劳动监察员决定的，可以向上级劳动部长提起复议，也可以向行政法院提起诉讼。

第228条 劳动者代表结束任期后六个月内，仍然适用本法第227条有关解雇的规定。

同样，对最具代表性的工会组织在第一轮选举中提出的候选人，自候选人名单公布之日起三个月内，也适用上述条款。

工会代表任期超过两年的，在其任期结束后六个月内被解雇的，也同样适用上述条款。

译者注

[1] 劳动者代表和员工代表实际上都是企业中被选举出来的代表劳动者方利益的人员,依照本法第211条的规定,前者是广义的,后者是狭义的,后者是前者的一种典型形式。前者的其他形式还有工会代表(délégué syndical)、按照集体公约或集体协议在企业中设立的其他代表性机构中的劳动者方代表。

[2] 这个时间是本法第220条规定的雇主有义务给员工代表履行职责的时间,这段时间正常计发工资。在此译为"履职工作时间"。

第三章 劳动集体公约和协议

第一节 集体公约的性质和效力

第229条 劳动集体公约[1]是关于就业、岗位和薪资条件的协议,由劳资双方签订:一方是一个或者多个劳动者工会组织的代表,或者本法第185条所定义的最具代表性的劳动者职业团体;另一方为一个或者多个雇主的工会组织或者其他类型的雇主团体,或者一个或者多个雇主。

第230条 集体公约规定了其适用的地域和行业范围。地域范围可以是全国性的,也可以是地方性的。行业范围应当从经营活动的角度来界定。行业范围可以涵盖经营活动的多个分支,也可以仅限于一个或者多个企业或者机构。

第231条 此类公约可以包含比现行法律和法规更有利于劳动者的规定。但是不能违背现行法律和法规中关于公共秩序部分的规定。

第232条 国家或者地区一级就某一特定行业部分已经达成集体公约的,较低一级区域或者地方缔结的集体公约可以采纳前者全部或者部分规定，以适应较低一级存在的特殊工作条件。

这些集体公约可以包括更有利于劳动者的新规定和条款。

第233条 本法条款所述工会组织或者任何其他职业团体的代表，可以根据下列条件，以他们代表的组织的名义缔结协议：

1. 根据其组织的章程规定；
2. 根据其组织作出的特别决议；
3. 其全体组织成员以书面形式赋予他们的特别授权。

否则，应当根据其所在组织的特别审议批准集体公约，由这些组织自己确定此类特殊协议的审议程序。

第234条 非集体公约当事人的职业工会或者雇主，都可以在以后加入该集体公约。

第235条 集体公约的期限可以是固定期限的或者无固定期限的。固定期限的，不得超过五年。

第236条 除另有规定外，固定期限公约的期限届满后可以如无固定期限的一样继续有效。无固定期限集体公约可以按照一方当事人的意愿终止。

第237条 在集体公约中应当规定该协议终止、续签或者修订的形式和时间，应当特别规定终止前的预先通知期限。

第238条 集体公约应当以法语书写，否则无效。

提交、公布和翻译此类集体公约的各项条件由部长委员会商劳动和就业咨询委员会以法令的形式确定。

第239条 除另有规定外，集体公约自依照前款法令规定的条件和地点提交次日起生效。

第240条 所有在集体公约上签字的或者属于签约方组织成员的人均受本集体公约约束。同样，集体公约对所有在任何时候加入缔约方的机构和签字的成员均具有法律效力。

第241条 雇主受劳动集体公约条款约束的，其签订的所有劳动合同也将适用该集体公约条款。

所有属于集体公约适用范围的机构，都应当适用集体公约的规定，但是，个人或者团体合同比集体公约更有利于劳动者的除外。

第二节 集体公约的扩展适用

第242条 在雇主或者当事劳动者所属的本法第185条规定的被认为最具代表性的工会组织的要求下，或者根据劳动部的倡议，劳动部长可以召集一个联合委员会会议，制定有关的劳动集体公约，以处理全国性、地区性、地方性的某个行业或者多个行业内劳资关系的问题。

由劳动部长发布的决定确定这个联合委员会的组成：由劳动部长或者其代表主持，参会劳资双方的人数应当相同；一方是最具代表性的劳动者工会组织的代表，另一方是最具代表性的雇主团体代表或者直接是雇主本身。

可以为每个主要职业类别订立附加协议，由它们确定这些职业类别的具体工作条件，并由代表有关职业类别的工会组织代表进行讨论。

第243条 本节内容所指的集体公约必须包括以下条款：

1. 工会权利的自由行使和劳动者的意见自由；

2. 按职业类别和可能按区域适用不同工资，以及确定职业类别的条件；

3. 加班、夜班和非工作日工作的条件和工资计算方式；

4. 试用期和预先通知期的期限；

5. 劳动者代表；

6. 集体公约全部或者部分修订、修改和终止程序；

7. 妇女和年轻人适用"同工同酬"原则的条件；

8. 带薪休假；

9. 在有关公司或者分支机构的框架内，学徒和职业培训的组织和运作程序；

10. 临时性失业的补偿模式。

第244条 同样，在公约中可以约定但不限于以下规定：

1）工龄工资和出勤奖金；

2）专业和类似费用津贴；

3）出差补助和交通工具；

4）在适用的情况下，本法第161条第一款规定的补助；

5）所有在工作场所用餐的员工的菜篮子补贴；

6）在可能的情况下，按绩效支付薪酬的一般条件；

7）繁重、危险或者有害健康的工作补助；

8）雇用和解雇劳动者的条件，但是不得影响劳动者自由选择工会；

9）属于本公约适用范围内的某些企业中的妇女和年轻人的特殊工作条件；

10）在适用的情况下，提供本法第55条所述担保的组成模式；

11）某些类别劳动者的短期雇用及其薪酬条件；

12）社会保障和医疗服务的组织、管理和财政来源；

13）特殊工作条件：轮班制、休息日和节假日工作；

14）受协议约束的雇主和劳动者发生争议时，约定的仲裁程序；

15）职业等级晋升的模式；

16）劳资双方人数相等的联合委员会的组成和运作。

可以通过法令赋予某些非强制性的仍有效的条款以强制执行效力。

第245条 应最具代表性的工会组织之一的请求或者劳动部长的倡议，由劳动部长商劳动和就业咨询委员会以决定形式明确符合本节规定条件的集体公约的内容可以对公约所涵盖的职业和地区范围内的所有雇主和劳动者具有约束力。

只有可能受此措施影响的企业的标准与已实施集体公约的企业类似，且在经济和社会状况允许的情况下，才能在该企业扩展适用该集体公约的条款。

特别考虑到企业营业额或者劳动人数，集体公约的扩展适用仅限于满足前款条件的部分公司。在这种情况下，依照劳工和就业咨询委员会的合理意见发布的扩展决定应当具体规定扩展适用的公司类别。

劳动部长商劳动和就业咨询委员会后，在现有经济状况不改变的情况下，应当在扩展适用时去除不适用现状的条款。

另外，劳动部长商劳动和就业咨询委员会后，应当将那些与现行法律法规相悖的内容排除扩展适用。

第246条 在本法第242条规定的条件下缔结的只涉及一个或者多个具体问题的集体公约，经劳动和就业咨询委员会核准，也可以予以扩展适用。

第247条 集体公约效力和处罚规定的扩展适用，应当在该公约规定的期限和条件下予以实施。

因缔约方通告废除或者不再续签导致集体公约失效的，集体公约扩展决定即告失效。

集体公约扩展决定或者其中某些条款不再适用行业的实际情况的，在征求劳动和就业咨询委员会的合理意见后，应缔约方中某一方的要求或者在其本人倡议下，劳动部长可以下发决定终止该扩展适用令或者其中的某些条款。

第248条 目前还没有集体公约约定或者正在制定集体公约的，劳动部长商劳动和就业咨询委员会后，参照现行集体公约的内容，可以发布一项决定以规范特定职业的工作条件。

第249条 任何增加扩展或者废除扩展适用的决定，应当事先征求有关职业机构和所有有关人员的意见，这些机构和人员应当在十五日内告知其意见。

此类咨询的模式由一项法令确定。有关工资的扩展决定不受前款规定的约束。

第三节 企业和机构协议

第250条 有关一家或者几家企业、一个或者多个机构之间的协议可以在以下两方之间签署：一方为雇主或者雇主团体，另一方为最能代表有关企业或者机构劳动者方的工会代表。

第251条 企业或者机构协议的制定目的是使国家、区域或者地方集体公约的规定更加适应有关企业或者机构的具体情况，特别是绩效工资、个人和集体生产奖金以及生产力奖金的发放条件和计算方法。在此类协议中可以约定更有利于劳动者的新规定和条款。

本法第234条至第241条的规定也适用于本条所指的协议。

第四节 公共性的服务部门、企业和机构的集体公约

第252条 公共性服务部门、企业和机构的工作人员不受特定的法律或者法规约束的，可以依照本章规定订立相应集体公约。

可雇用符合规定人员受公法管辖的法人名单由法令确定。

第253条 依照本法第245条或者第246条订立的集体公约扩展决定，在没有与之相悖条款的情况下，可以适用于所

有性质和经营活动属于此类集体公约管辖范围内本节规定的公共性服务部门、企业和机构。

第五节 集体公约的履行

第 254 条 受集体公约或者本法第 251 条规定的协议约束的劳资双方，不得实施任何可能有损协议公平执行的行为。他们仅在协议确定的措施范围内保障协议被执行。

第 255 条 受集体公约或者本法第 251 条规定的协议约束，具有诉讼行为能力的团体，有权以自己的名义对所有受协议或者公约约束但违反协议规定的其他团体、团体成员或者个人提起损害赔偿诉讼。

第 256 条 受集体公约或者本法第 251 条规定的协议约束的个人，可以对违反集体公约规定的其他个人或者团体提起损害赔偿诉讼。

第 257 条 受集体公约或者本法第 251 条规定的协议约束，具有诉讼行为能力的团体，在提前通知团体成员且未收到其反对意见的情况下，可以采取该协议或者公约规定的一切有利于其成员的行动，无须证明存在当事人授权。

利害关系人可以随时参与该团体提起的诉讼。

集体公约或者协议引起的诉讼是由个人或者某个团体提起的。任何能够提起法律诉讼且其成员受该公约或者协议约束的团体，可以随时以解决争议对其成员可能产生的集体利益为由，参与诉讼。

译者注

[1] 将 convention collective 译为"集体公约",将 accord collectif 译为"集体协议",前者比后者的适用范围更广,故选择了"公约"一词。本法中多使用前者,例如尼日尔发布的《1972 年 12 月 15 日跨行业间集体公约》(*Convention collective interprofessionnelle du 15 décembre 1972 Avis relatif à l'extension de la convention collective interprofessionnelle*)。

第五编

与劳动和劳动监察有关的机构

第一章　劳动有关机构

第一节　劳动行政部门

第258条　劳动行政部门包括所有负责劳动事务的公共行政管理机构。

其工作包括：

1. 在其权限范围内制定有关法规；

2. 确保劳动、社会保障、职业安全和健康方面的规定得到实施；

3. 向雇主方和劳动者提出建议和要求；

4. 依照社会保障方面的规定，对有关服务部门和机构的工作进行协调和监督；

5. 调查和研究各类社会问题，但是有关技术服务方面的问题，劳动行政部门仅被要求协同参与；

6. 向有关管理部门提出现行法律法规中欠缺或者不符合实际的内容。

劳动行政部门包括总部、各个分部以及下属的机构。

劳动行政部门的组织形式及其负责人的职责由有关法规确定。

第二节 咨询机构

第259条 由劳动部长指定成立一个劳动和就业咨询委员会,由劳动部长或者其代表担任委员会主席。

前款劳动和就业咨询委员会应当由人数相等的雇主方和劳动者方组成,由最具代表性的雇主方和劳动者方组织分别任命,任期三年,可以连任;无本法第185条规定的最具有代表性的组织的情况下,由劳动部长指定。

应委员会主席或者大多数委员的要求,能够召集具有经济学、医学、社会学、人种学专业知识的公务员或者有关人员以顾问身份出席会议。

由法令确定雇主方和劳动者方代表的任命条件、人数、给予他们的补助以及此类委员会的运作模式。

第260条 除本法规定应当征求意见的情况外,可以就其他任何与工作和就业有关的问题征求劳动和就业咨询委员会的意见。

应劳动部长的要求,委员会可以:

1) 对各项集体公约谈判中出现的困难进行研究;

2) 就所有有关集体公约签订和实施中的问题,特别是有关其对经济和社会的影响,发表意见。

当劳动和就业咨询委员会处理前款所指的问题时,应当要求一名有关部委的代表、一名司法官和一名劳动监察员一起参加讨论。

委员会也可以要求本法第259条第三款中所规定的公务员或者有关人员以顾问身份共同参与上述问题的讨论。

委员会负责研究可以作为确定最低工资、最低生活保障和一般经济状况的基本要素。

通过委员会主席的协调，委员会可以要求主管部门提供有助于完成委员会任务的资料或者信息。

第261条 劳动部长指定设立一个职业安全和健康专业咨询委员会，以研究与劳动者健康和安全有关的问题。

劳动部长或者其代表担任主席的此类委员会的组成和运作，由有关法令规定。

第三节 就业公共服务

第262条 特别设立的就业公共服务机构[1]，由负责就业的部长监督和管理。就业公共服务由最具代表性的劳动者和雇主的工会代表组成的公共机构提供。

不损害雇主直接雇用其劳动者的权利的情况下，必要时，就业公共服务机构可以与私营机构同时行使安排劳动者就业的职能。

第263条 就业公共服务机构还负责：

1. 引进和遣返劳动力；
2. 在现行法规规定的范围内，对外籍劳动者的收入进行转账；

3. 登记劳动者的就业申报并制作劳动许可证；

4. 收集关于职位空缺和就业申请的常规文件，以及在通常情况下，与劳动力使用和分配有关的所有问题，特别是跟踪劳动力市场动态和编制统计档案；

5. 协助制定和执行国家就业政策，特别是通过执行求职者融入和重返社会的方案，对他们实施指导和促进就业的措施；

6. 向国家就业和职业培训观察站提供资料，以便其编制有关就业市场发展的动态统计数据报告。

第264条 就业公共服务机构介绍工作免费。

禁止向提供就业公共服务的任何成员支付报酬，禁止就业公共服务机构人员接受其安置或者登记的求职者给予的任何形式的补偿费用，出现前述行为的，依照现行法律规定处以行政处罚，并处或者单处刑事处罚。

但是，办理劳动许可证的，应当由雇主向就业公共服务机构支付费用。其数额由规章条例确定。

第265条 协商一致停工的，与受停工影响的企业的有关就业公共服务将立即中断。

同时，在专用场所张贴此类企业的名单，以使求职者和提供职位者了解有关信息。

第266条 本章节内容的实施细则，特别是有关就业公共服务机构的组成和运作，由部长委员会商劳动和就业咨询委员会以法令的形式确定。

译者注

[1] 目前,在实务中,尼日尔就业公共服务机构被称为 Agence Nationale pour la Promotion de l'Emploi,一般简称为 A. N. P. E。

第二章 监察

第267条 劳动监察和管控人员负责监督各项劳动法律法规的实施。

第268条 在现行劳动法规范围内劳动监察员享有巡视和调查的主动权。

劳动监察员隶属于劳动部长,并直接向其报告。

劳动监察部门有权长期获得其运作必需的人力和物力资源。

第269条 属于尼日尔国家公务员序列的工作人员履行劳动监察员的职能。

前款序列内的工作人员由受过必要培训并有资格履行其职责的人员组成。

第270条 劳动监察人员被指派到劳动部直接领导下的中心机构,或者被指派到对外劳动服务部门。

第271条 劳动监察人员在高等法院宣誓如下:

"我发誓,将尽忠职守、勤勉和正直地履行我的职责,即使在离职后,也不会透露在履行职责时可能知悉的有关劳动者和雇主的秘密或者任何其他机密资料。"

对任何违背誓言的行为,依照《刑法》第221条的规定处罚。

劳动监察人员应当对被告知的任何的有关工作安排错误或者违背相关法律法规的投诉信息保密。

第272条　劳动监察人员与其监督的企业之间,不得有直接或者间接的利害关系。

第273条　劳动监察人员以正式报告形式记录违反劳动法律、法规规定的行为,除非有相反的证据,他们有权将此事提交主管司法部门,司法部门应当随时向他们通报已采取的行动。

所有报告一式四份,其中一份送交利害关系人或者其代表,第二份送交检察院,第三份送交劳动部长,第四份在劳动监察部门归档。

授权劳动监察人员确定和实施上缴国库的罚款的条件,由部长委员会商劳动和就业咨询委员会以法令的形式确定。

任何情形下,当事雇主都有权对此类罚款决定提出异议,并依照普通法程序将有关违规行为提交到具有管辖权的司法部门。

第274条　在出示有关证件后,劳动监察人员有权:

1) 有合理理由认为享有合法保障权的劳动者正在其工作岗位上,而且应当进行检查时,可以不事先通知就在白天和晚上的任何时间自由进入企业。除非他们认为此类检查形式可能影响预计的效果,他们可以事先通知此类检查,并由企业负责人陪同检查。

2）必要时，征求医生、技术人员的意见和建议，特别是有关健康和安全要求方面；这些医生和技术人员应当在与劳动监察人员相同的条件和处罚条款约束下保守职业秘密。

3）在劳动监察人员在检查企业的过程中，可以要求宣誓就职的官方口译员、被检查企业的员工代表以及依照本条第2项提及的医生和技术人员陪同。

4）进行任何必要的检查、监控或者调查，以确保有关规定得到有效执行，尤其是：

a）询问雇主或者企业人员，不论是否有证人在场，都应当核实他们的身份，可以要求有必要作证的任何其他人提供有关信息资料；

b）要求出示本法或者有关现行法规规定的登记册和文件；

c）在企业、机构负责人或者其候补人员在场的情况下，出具收据后，提取并带走前者使用或者处理的物质和材料样品，作为分析依据；

5）要求企业在其内部张贴法律法规规定的所有通知和信息。

此类征调、鉴定和调查的费用由国家财政预算承担。

第275条　发现雇主严重违反劳动法规的公共秩序要求的，劳动监察员可以要求雇主采取必要措施以纠正此类违法行为；雇主拒绝纠正的，劳动监察员应当提请劳动部长，由劳动部长决定适当的处罚。

第276条　在正、副劳动监察和管控人员出示有关证件后，政府治安部门应当根据他们的要求在人力和社会安全方面予以全力协助，以保证他们完成监察和检查任务。

第277条 劳动管控人员协助劳动监察人员履行职责。他们有权依照本法第273条第二款和第三款的规定以书面报告的方式记录违反劳动法律法规的行为，在没有出现相反证据前，他们可以将报告发送至有关地区的劳动监察员，后者将报告转发主管司法机关。

劳动管控人员依照本法第271条进行宣誓。

第278条 属于国家公务员序列的工作人员履行劳动管控员的职能。

第279条 在劳动监察部门中被任命行使监察服务职能的医务人员的职权范围，由有关法令确定。

第280条 在矿区、采矿场和采石场以及必须接受技术监管的机构和工地，负责此项监管的公务员应当确保有关技术监管设施在其监管下安装以保证劳动者的安全。

他们应当确保适用于该领域的特殊法规的实施，并在这一范围内承担劳动监察员的职能。他们提请劳动监察员注意他们提出的技术要求，并在适当情况下提供正式通知。

劳动监察员可以随时要求上述公务员共同参与对必须接受技术监管的矿区、采矿场和采石场及其他机构和工地的检查。

第281条 因国防利益需要，防止通过提供服务引入外部势力，雇用民事劳动力的军事机构或者其附属机构根据军事主管机构的建议，任命特殊公务员或者官员进行劳动法律法规实施情况的检查。

此类军事机构或者其附属机构的名单由部长委员会商军事主管机构以法令的形式确定。

第282条 劳动监察、管控人员缺席或者行使职能受阻的,地方行政部门的负责人依照本法第277条第一款的规定代替他们行使有关职能。

第283条 本章第271条、第273条和第274条的规定不会影响司法部门确认和追究违法行为的普通法规定的适用。

第六编

用人单位义务

第284条 无论准备成立一家何种性质企业的自然人都应当事先向辖区内的劳动监察部门申报。

由部长委员会商劳动和就业咨询委员会发布的法令：

1. 确定此类申报的方式；

2. 规定现有企业提出此类申报的最后期限；

3. 规定必要时提交有关用工的周期性情况报告。

第285条 用人单位应当在其经营地点不断更新《雇主登记册》上的信息，此登记册的模板由部长委员会商劳动和就业咨询委员会发布的法令确定。此登记册由以下三部分组成：

1. 第一部分包含用人单位雇用的所有人员及其合同的信息；

2. 第二部分包含工种、工资和休假方面的所有信息；

3. 第三部分注明劳动监察员或者其代表的意见、催告信和批准信息。

《雇主登记册》应当在劳动监察员处留案备查，并在最后一次登记后保留五年。

某些企业或者行业因其地位、重要程度或者经营性质被免除保存登记册的义务，有关规定由部长委员会商劳动和就业咨询委员会以法令的形式确定。该法令还规定了登记册第一部分和第二部分以电子形式保存的条件。

第286条 本法第13条规定的申报应当包括：雇主的名称和地址、用人单位的性质，有关劳动者的户籍状况和公民身份所有有用的信息，劳动者的职业、以前从事的工作、原居住地和进入尼日尔的日期、被雇用日期以及其前雇主姓名。

依照本法签署书面劳动合同的，必须在申报中附上此类合同的复印件。

劳动者离开用人单位的，应当按照同样的条件，在申报上注明离开该用人单位的时间。

此类申报的模式由部长委员会商劳动和就业咨询委员会以法令的形式确定。劳动者状况发生改变的，应当提交相应的附加申报；职业类别发生变化的，雇主不必立即申报。

对于后者，劳动者有要求的，雇主应当进行申报。同时，劳动者本人或者其授权的劳动者代表有权知道本条规定的申报的内容。

第287条 已依照本法第286条进行有关申报的，就业公共服务机构授予劳动者劳动许可证。这张登记卡注明了劳动者的个人信息和从事的职业，并应当同时附上劳动者的照片。

第七编

劳动争议

第288条 个人或者集体的劳动争议,适用本编规定的程序解决。

第一章 个人劳动争议[1]

第一节 劳动法庭

第289条 劳动法庭受理下列案件:

1. 劳动者或者学徒与其雇主或者师傅之间在履行劳动合同或者学徒合同过程中发生的纠纷;

2. 劳动者或者学徒与其雇主或者师傅因劳动合同或者学徒合同发生的纠纷;

3. 与集体公约和相关决定文件有关的纠纷;

4. 因适用工伤事故和职业健康安全规定发生的纠纷。

第290条 即使雇主为社区或者公共机构,劳动法庭仍然具有管辖权,必要时,劳动法庭应当要求当事人在诉讼之前遵循有关的前置程序。

第291条 劳动纠纷一般由工作地劳动法庭管辖。但是，因劳动合同终止发生的纠纷，不管是否存在协议管辖，劳动者经常居住地与工作地不一致但经常居住地在尼日尔境内的，劳动者可以选择经常居住地或者工作地的劳动法庭管辖。

因工伤事故发生的劳动纠纷，事故发生地法庭具有管辖权。尼日尔境外发生的工伤事故，由受害者所属机构所在地法庭管辖。

第292条 在行政上，劳动法庭隶属于司法部长。

第293条 劳动法庭的组成如下：

1. 职业法官作为庭长；

2. 从本法第294条确定的名单中选出一名雇主陪审员和一名劳动者陪审员。

对每一起案件，庭长应当尽可能任命有关职业类别的雇主方陪审员和劳动者陪审员。

劳务市场结构证明有必要时，可以将劳动法庭按照各个专业进行细分。

原任命的陪审员不能履行职责的，由人数相等的候补陪审员代替。

由司法部长任命的一名行政公务员担任劳动法庭的书记员。

第294条 由劳动部长签发的决定任命陪审员。这些陪审员从最具代表性的工会组织提供的名单中选出；此类组织不存在的，由劳动监察部门提供此类名单，名单中的候选者人数应当为实际所需陪审员人数的两倍。

陪审员的任期为三年,到期后可以连任。陪审员和候补陪审员应当拥有公民权和政治权。

不符合上述条件的,取消陪审员资格。

第295条 任何在履行职责时严重失职的陪审员将被传唤到劳动法庭,就其行为作出解释。这项传唤权归属于劳动法庭庭长和共和国检察官。

听证会举行后十五日内,劳动法庭庭长应当将出庭记录送交共和国检察官。

共和国检察官将此笔录连同他的意见转交总检察长,并由后者向司法部长汇报。

根据司法部长的决定,宣布以下处罚:

1. 批评;
2. 停止当事人的职务,停职期限在六个月以内;
3. 罢免。

劳动法庭陪审员被罢免后不得再担任相同职务。

第296条 陪审员应当在有关劳动法庭宣誓:

"我庄严宣誓要以敬业态度和专业精神,勤奋和廉正地履行职责,并永远保守审判工作秘密"。

第297条 劳动法庭陪审员的工作是无报酬的。但是,可以给予陪审员生活津贴和差旅津贴,其数额不得少于其工资和津贴的损失额。该金额具体由法令确定。

解雇劳动者陪审员的,应当遵守本法第227条和第228条的规定。

第298条 劳动法庭和上诉法庭免收诉讼费。此外,劳动者申请执行对其有利的判决的,可以获得司法援助。

劳动者的胜诉判决无法得到执行的,可以要求庭长将强制执行命令贴到判决书副本上,并指派一名执行官进行强制执行。

第299条 庭长收到申请后两日内,不包括星期天和节假日,应当传唤当事人在十二日内出庭,依照本法第316条规定的条件,可以延长此期限。

必须在传票中注明原告的名字和职业、申请内容、出庭的日期和时间。

专门的行政公务员亲自将传票送交当事人本人或者其家中,视为有效送达。同样,带回执的挂号信形式也是有效的。在紧急情况下,也可以通过电报通知当事人。

第300条 当事人有义务在规定的日期和时间出庭。可以自己出庭,也可以由辩护律师或者所属工会组织的一名代表陪同出庭,或者代表其出庭。

雇主方可以委托企业、机构的一名高管或者一名普通职员出庭。

除律师外,当事人的代理人应当提供书面特别授权。

第301条 在传票规定的日期,原告未出庭又无不可抗力理由的,视为原告撤诉;原告只能按照原程序再申请最后一次。

被告未出庭,未提出不可抗力,也未以书面形式提出抗辩的,法庭将根据原告请求作出缺席判决。[2]

第302条 除调解阶段外,听证会应当公开举行。庭长组织各方举证、质证、辩论,根据当事人要求依照本法第299条规定的程序传唤证人。法庭也可以主动以相同程序传唤其认为对解决争议有用的任何人。

在审理紧急案件时,法庭可以临时命令采取必要措施,特别是防止有关证据被移走、移动或者损坏的保全措施。

庭长认为有必要出庭作证的证人未出庭的,将指定一名行政公务员再次传唤该证人出庭;在传票中应当注明,证人不出庭的,将被采取强制措施,此外,还将被处以五万西法的罚款。

在预定的日期,证人未出庭的,法庭将对其开具罚单并强制其到庭。

证人到庭拒绝作证的,视为缺席。缺席证人可以证明自己无法在规定日期出庭的,可以免除罚款。

第303条 已婚妇女有权在劳动法庭上进行调解,提出请求和进行辩护。

不能得到父亲或者监护人陪伴的未成年人,经法庭授权,可以在法庭上进行调解,提出请求和进行辩护。

第304条 存在下列情形的,可以申请有关法庭陪审员回避:

1. 与本案有利害关系的;

2. 与当事人存在六代以内亲属关系的;

3. 在提出回避申请前一年以内,与当事人、当事人的配偶或者当事人直系亲属之间存在直接的刑事或者民事诉讼的;

4. 对本案已出具过书面意见的;

5. 是当事人的雇主或者劳动者的。

回避申请应当在法庭辩论前提出。庭长应当立即作出决定。申请被驳回的，法庭辩论继续；回避申请被认可的，案件将转至下一次听证会，届时由相应候补陪审员出席。

第 305 条　当事人出庭，应当首先调解。

达成调解的，当场形成一份调解协议，并记录于法庭登记册上。

由庭长和书记员签字的调解协议具有强制执行力。

第 306 条　达成部分调解的，由庭长和书记员签字的调解协议只对达成调解的部分具有强制执行力；而未达成调解的部分将继续进行诉讼。

第 307 条　对不能达成调解的全部或者部分内容，劳动法庭应当继续审理，立即审查。只有存在正当法律理由的，才能驳回原告的诉讼请求。

法庭根据合理的判断，可以进行任何询问、实地检查及采取获取有关信息的任何措施，包括要求当事人亲自出庭、调取所有笔录或者进行鉴定。

劳动服务机构人员不得担任劳动法庭委任的专家。

第 308 条　劳动法庭辩论结束后，应当将案件提交审议，审议期不得超过下次开庭日，最迟不得超过两周，不得延期。法庭裁判应当说明理由。

劳动法庭的裁判按照投票结果的简单多数确定。

第 309 条　裁判的原件由庭长和书记员签字确认。按照庭长的要求，每年将裁判书归档并装订成册。

第 310 条　无论是否存在担保，法庭的裁判都具有预先强制执行力，即使当事人提出反对或者上诉。

经庭长和书记员签署的裁判书副本应当按照要求提供给各方当事人。书记员应当在裁判书原件的页边注明发出的日期和时间。

第 311 条　缺席判决的，由法庭书记员或者由庭长指定的行政公务员依照本法第 299 条的规定免费向缺席一方送达该判决书。

缺席判决书送达后的十日内（包括路途的延期），缺席方未以口头或者书面形式向劳动法庭秘书处提出异议的，该判决可以强制执行。

缺席方提出异议的，庭长依照本法第 299 条的规定再次召集各方当事人并作出新的裁判；重新裁判的，即使存在异议或者上诉，该裁判仍然具有强制执行力。

第 312 条　诉讼标的额不超过十万西法的，劳动法庭对此类案件享有初审和终审权，但是以管辖权为由上诉的除外。诉讼标的额超过十万西法的，劳动法庭裁判后，当事人可以上诉至上诉法院。

第 313 条　劳动法庭审理根据性质属于其管辖范围内的所有本诉或者反诉请求。每项本诉或者反诉请求均在其终审管辖权范围的，当事人无权上诉。

请求中的任何一项经裁判后仍然可以上诉的，所有请求事项都可以上诉。但是，只有完全基于本诉的反诉损害赔偿请求超出劳动法庭终审权的，劳动法庭仍然具有终审权。

被告缺席且被告提出的反诉请求超过劳动法庭终审权范围的，不论这些反诉的性质和数额如何，劳动法庭都具有终审权。

反诉被认定仅为达到提出上诉目的的，在上诉阶段时即使仅部分维持一审判决，提出反诉的一方也可能对另一方承担损害赔偿责任。

第314条 在裁判书送达后的十五日内，当事人可以通过口头或者书面形式向劳动法庭书记员提出上诉。书记员应当告知上诉人拥有在上诉中进行陈述或者代理的权利，并在上诉声明的底部注明。

依照本法第299条的规定，书记员立即通知上诉状中提及的当事人，并告知他们可以在十五日内，向书记处递交上诉答辩状并要求他们本人或者他们的代理人到上诉法院出庭。

前款期间届满，上诉状连同裁判书的副本以及各方当事人在劳动监察部门或者初审时提交的信函、诉状和文件一起发送至上诉法院书记室。

当事人的诉讼代理人依照本法第300条的规定确定。当事人未要求再次出庭的，上诉法院将在上诉状送达法院后的三个月内根据书面材料作出裁判。

法院认定上诉具有故意拖延性质的，应当对上诉人处十万西法以上一百万西法以下的民事罚款。

第315条 不服劳动法庭终审裁判和上诉法院裁判的，可以申请最高法院再审。

第 316 条　由有关法令明确本章的实施细则，特别是登记册的构成和路途的期限。

第二节　调解

第 317 条　劳动监察员处理调解请求，应当在收到请求之日起七十二小时内传唤当事人。

当事人或者其代表应当就劳动监察员的传唤作出答复。

除不可抗力外，当事人不出席的，依照本法第 359 条的规定给予处罚。

第 318 条　劳动监察员将核实当事人能否在现有的法律、法规或者集体公约及个人劳动合同的基础上进行调解。

当事人达成调解的，根据劳动监察员、当事人的代表或者当事人的法定代理人起草的调解笔录，应提出调解一方的请求，劳动法庭庭长可以在调解笔录上附上执行方式。

此类调解书与劳动法庭作出的判决具有同样的强制执行力。

由主管法庭的庭长在其管辖范围内签署调解书。

第 319 条　调解失败的，当事人可以通过口头或者书面形式向劳动法庭书记员提起诉讼。劳动法庭书记员应当记入专门的登记册；该登记的摘录应当发给提起诉讼的当事人一方。先前参与调解的劳动监察员可以按照当事人任何一方的请求，将有关该争议的完整档案资料移交劳动法庭的庭长。

同时，可以按照受理案件的劳动法庭的要求进行移交。

译者注

[1] 个人劳动争议处理程序如下：当事人可以直接诉诸劳动法庭，劳动法庭收到起诉状后应首先组织双方调解，调解不成的，继续审理并裁判；当事人也可直接求助于劳动监察部门要求调解解决争议，劳动监察部门应组织调解，调解不成的，移交劳动法庭。

[2] 本法第301条主要阐述了缺席判决，因被告不出庭，法庭按照原告请求作出相应判决。缺席判决不利于被告，基于缺席过错，其丧失了庭审举证、质证、抗辩的权利。实务中，有些被告习惯性选择逃避，拒绝签收劳动法庭传票或收到劳动法庭传票后不按时出庭，对保护自身利益极为不利。被告在收到劳动法庭传票后，建议首先审查该法庭是否具有管辖权（见本法第291条）、是否已过诉讼时效（见本法第179条）、审理法官和陪审员是否存在回避情形（见本法第304条）。若对这些程序性基本问题存在异议，可以在开庭前及时向法院书面提出。对于实体问题，在事实清楚、法律关系简单、证据材料充足情况下，可以选择调解或者直接应诉；在事实存有争议、法律关系复杂、证据材料不充足时，建议聘请当地律师，制定应诉方案，陪同出庭。

第二章 集体争议[1]

第 320 条 罢工是劳动者为达到职业要求,维护自身物质或者精神利益,集体决定停止工作的行为。

所有劳动者均有权在本章第一节规定的条件和程序下罢工。他们不能因罢工被解雇,除非存在重大过错。

罢工的劳动者在罢工期间无工资,除非主管法院另有决定。

第 321 条 "停业"是指在企业或者机构的劳动者罢工时,雇主决定全部或者部分停止经营的行为。

停业是被禁止的,只有出于迫切的安全需要或者罢工程序没有得到遵守时,该停业才是合法的。

一旦上述停业的合法理由消失,停业必须终止。

合法的停业导致劳动合同中止,免除雇主向劳动者支付停业期间通常应当支付的工资。[2]

第一节 诉诸罢工的条件

第 322 条 发生任何集体争议的,当事人应当立即通知劳动监察员，由后者召集当事人进行调解。

劳动监察员得知出现集体争议的，可以主动依职权处理，召集当事人进行调解。

当事人可以委托具有调解资格的人员代表自己出席此类调解。一方未出席或者其派出的人员不具有此类资格的，应当在两日内再次召集该缺席方；同时不排除有关司法机构按照劳动监察员呈交的调解笔录，依照本法第八编的规定对有关当事人进行罚款。

从当事人到庭之日起计算，调解不得超过四十八小时。

第323条 调解结束后，劳动监察员起草一份调解备忘录，记录参加调解的各方当事人全部或者部分同意、不同意的内容，经各方当事人会签后，将副本送达各方。

第324条 调解协议的执行是强制性的。双方无异议，调解协议自调解之日起开始生效。

职业工会可以按照调解协议的内容采取有关行动。

调解协议立即被张贴到劳动监察部门和劳动部办公室，可以公布在尼日尔共和国官方报上。

原件应当提交给劳动法庭书记处。

第325条 调解是免费的。差旅费、离开工作岗位发生的工资和津贴损失由国家预算承担。

第326条 无法达成调解的，继续诉诸罢工的劳动者方应当在罢工前至少三个工作日预先通知雇主方。

预先提出罢工通知的一方应当同时通知劳动监察员。预先通知期满后，劳动者可以采取罢工行动。

第二节　仲裁程序

第327条　劳动监察员预先收到罢工通知，且不存在本法第244条第十四项规定的约定仲裁的，劳动部长可以决定将此类争议提交至专门成立的仲裁委员会。

移交仲裁委员会并不能中止罢工行为。

第328条　仲裁委员会成员由劳动部长从具有道德权威和经济、社会事务专门知识的人士中任命，此类权威和才能使所任命的成员具备解决此类争议的能力。

在任的政府公务人员不得担任此类仲裁委员会的成员。曾经参与调解的人员和与此争议有直接利害关系的人员也不得担任此类仲裁委员会成员。

第329条　仲裁委员会只能就已记录的调解失败的事项或者此后发生的事件的结果，即正在进行的争议的直接后果，进行裁决。

仲裁委员会依法裁决与现行法律、法规、集体公约或者企业制度的解释和执行有关的争议。

特别是在争议涉及工资或者劳动条件，又无有关的现行法律、法规、集体公约或者企业制度规定的，委员会可以依照公平原则作出裁决；同样，可以对谈判和修订集体公约过程中产生的争议进行裁决。

第330条 仲裁委员会拥有最广泛的权力,可以了解企业的经济状况和与争议有关的劳动者的状况。

仲裁委员会可以对企业和工会进行所有方面的调查,并要求当事人提供所有有助于其行使其职能的经济、会计、财务、统计以及行政方面的资料和信息,也可以求助于有关专家和其他所有能提供帮助的人员。

仲裁委员会应当在十五日内作出裁决。必要时,劳动部长可以决定延长该期限,但是不得超过八日。

在仲裁期间,争议各方达成和解的,仲裁委员会了解各方和解协议内容后,仲裁程序即告终止。未达成和解的,委员会应当作出裁决,并说明所依据的理由。

第331条 仲裁裁决应当立即送达当事人。自通知之日起两整日内,任何一方当事人都未提出异议的,依照本法第335条规定,该裁决具有强制执行力。

异议书应当以书面形式提交送达裁决书的劳动监察员,由后者出具回执;否则,该异议无效。

已具备强制执行力的仲裁裁决继续执行,如同劳动法庭裁判。

第332条 无异议仲裁裁决执行力具有强制性。在默认情况下,裁决书的生效日为开始进行调解之日。

职业工会可根据仲裁裁决采取相关行动。

仲裁裁决立即被张贴到劳动部和劳动监察部门办公室,公布在尼日尔共和国官方报上。原件应当提交劳动法庭书记处。

第 333 条 依照刑法第 221 条有关职业秘密的规定，仲裁委员会成员、参与裁决的专家或者其他人员应当对其工作过程中了解到的所有信息和资料进行保密。

第 334 条 仲裁调解程序是免费的。差旅费、工资和津贴损失由国家预算承担。

第 335 条 可以对具有强制执行力的仲裁裁决，以存在滥用职权或者违反法律规定为由向最高法院的司法分庭上诉。

此类上诉的提出和裁判适用民事诉讼上诉的期限、形式和条件的规定。

最高法院宣布撤销仲裁裁决的全部或者部分内容的，应当将该案退回劳动部长，由劳动部长任命另一个不同组成的仲裁委员会审理。

译者注

[1] 集体争议的主要表现形式是罢工,发生后,劳动监察部门可依申请或者依职权组织调解。调解不成的,劳动者有权继续罢工;同时,由劳动部长决定移交专门的仲裁委员会审理,仲裁裁决生效后具有强制执行力,存在法律规定的特殊理由时,可上诉至最高法院。

[2] "lock-out"是雇主面对集体争议(例如罢工或者威胁性罢工)采取的临时停业措施。

lock-out原则上是非法的,这意味着在停业期间,雇主也应支付非罢工者工资;依照本法第321条第2款的规定,出于安全因素(例如暴力、事故风险等)和罢工程序没有得到遵守时才合法,在此情况下,雇主无需支付非罢工者工资。

第八编

惩罚条款

第 336 条 劳动法庭陪审员收到通知未按时到岗的，处一千西法的民事罚款。

累犯的，罚款增加到两千西法以上六千西法以下。另外，劳动法庭宣布剥夺此人法庭陪审员资格。

裁判书应当自费打印和公示。此类罚款决定由劳动法庭宣布。

第 337 条 违反本法第 4 条有关禁止强迫或者强制劳动规定的，处五十万西法以上二百万西法以下罚金和两年以上五年以下有期徒刑，或者单处两种刑罚之一。

累犯的，罚金加倍，有期徒刑增加到十年以上十五年以下。

第 338 条 雇主根据劳动者性别、年龄、民族背景或者社会出身、种族、宗教、肤色、政治见解，决定劳动者的雇用、管理和工作分配、职业培训、晋级、晋升、薪酬、社会福利发放以及纪律处分、劳动合同解除事项的，处五十万西法以上二百万西法以下罚金和一年以上五年以下有期徒刑，或者单处两种刑罚之一。

累犯的，罚金加倍，有期徒刑时间增加到两年以上十年以下。

第 339 条　雇主在作出关于雇用、管理和工作分配、职业培训、晋级、晋升、薪酬、社会福利发放以及纪律处分、劳动合同解除事项的决定时因劳动者残疾问题区别对待的，处五十万西法以上一百万西法以下罚款。

累犯的，处罚加倍。

第 340 条　雇主在作出关于雇用、管理和工作分配、职业培训、晋级、晋升、薪酬、社会福利发放以及纪律处分、劳动合同解除事项的决定时因劳动者携带艾滋病病毒或者患有镰状细胞贫血区别对待的，处五十万西法以上二百万西法以下罚款。

累犯的，处罚加倍。

第 341 条　雇主在作出关于雇用、管理和工作分配、职业培训、晋级、晋升、薪酬、社会福利发放以及纪律处分、劳动合同解除事项的决定时因劳动者工会成员身份和工会活动区别对待的，处二十万西法以上五十万西法以下罚款。

累犯的，处罚加倍。

第 342 条　违反本法第 13 条关于录用不具有就业公共服务机构颁发的就业登记卡人员规定的，处十万西法以上三十万西法以下罚款。

违反本法第 48 条和第 50 条的规定的，处罚与前款相同。

累犯的，处罚加倍。

第 343 条　任何雇主或者任何人违反本法第 107 条关于禁止未成年从事恶劣形式劳动规定被认定为有罪或者共犯的，处五百万西法以上一千万西法以下罚金和两年以上五年以下有期徒刑，或者单处两种刑罚之一。

累犯的，罚金加倍，有期徒刑增加到五年以上十年以下。

签发劳动许可证存在未成年人年龄登记错误导致违反本法第107条规定的，免于处罚。

故意实施年龄造假的，依照现行有关条例予以处罚。

第344条　违反本法第317条规定的，以每延迟一日十万西法的标准处以罚款。但是，不得影响本法第359条规定的执行。

第345条　存在下列违法行为的，处二十万西法以上三十万西法以下罚款；累犯的，罚款加倍：

a）违反本法第28条、第29条和第106条的当事人；

b）违反本法第34条和第37条的当事人；

c）违反本法第151条的当事人。

第346条　存在下列违法行为的，处二十万西法以上三十万西法以下罚款；累犯的，罚款加倍：

a）违反本法第108条第二款、第109条第三款、第115条、第148条、第152条和第153条规定的当事人；

b）违反本法第64条、第65条、第114条和第285条规定的当事人。

违反本法第115条和第148条法令规定，构成累犯的，并处六日以上一个月以下监禁。

违反本法第285条法令规定的，罚款的次数与遗漏或者错误输入的次数相同。

第347条 违反本法第182条、第183条、第188条、第189条、第190条、第191条、第192条、第193条、第200条和第208条规定的,对工会负责人或者管理人员,处二十万西法以上三十万西法以下罚款。

申报工会章程及其负责人或者管理人员名单弄虚作假的,处五十万西法罚款。

第348条 违反本法第158条和关于工资的规定的,处十万西法以上一百万西法以下罚款。

累犯的,罚款加倍。

第349条 存在下列违法行为的,处二十万西法以上五十万西法以下罚款;累犯的,处五十万西法以上一百万西法以下罚款:

a) 违反本法第66条、第116条、第124条、第126条、第137条、第138条、第139条、第140条、第168条和第169条规定的;

b) 违反本法第109条、第121条和第220条规定的。

第350条 存在下列违法行为的,处二十万西法以上三十万西法以下罚款;累犯的,罚款加倍:

a) 违反本法第11条、第12条、第16条、第30条、第48条、第54条、第68条、第103条、第104条、第111条、第150条、第180条、第181条和第280条规定的;

b) 违反本法第14条、第15条、第100条、第101条、第105条、第163条和第241条规定的;

c）雇用无工作证或者劳动许可证的外国劳动者的，或者该外国劳动者持有与其实际从事职业不一致的工作证或者劳动许可证的；

d）未经劳动监察部门授权或者就业公共服务机构推荐，雇用与前雇主劳动合同未到期或者未经司法裁判被终止劳动合同的外国劳动者的。同时，即使存在此类授权或者推荐，前雇主仍有权向劳动者本人和新雇主主张相应的权利。

第351条　妨碍员工代表、工会代表或者职业安全与健康委员会成员的自由任命或者妨碍其正常履行职责的，处二十万西法以上三十万西法以下罚款；累犯的，罚款加倍。

劳动监察部门或者司法监察人员查明此类违法行为。

第352条　下列违法行为依照刑法进行处罚：

a）违反本法第168条关于禁止以酒精或者酒精饮料支付工资规定的；

b）故意虚报工伤事故或者职业病的；

c）以暴力、威胁、欺骗、欺诈或者允诺强迫或者企图胁迫的手段，在违背劳动者本人意愿下雇用该劳动者，或者以同样方式试图阻止或者阻止劳动者的雇用或者履行其合同规定义务的；

d）使用伪造的劳动合同或者存在虚假信息的劳动许可证，以谋取职位或者使其他劳动者自愿被替换的；

e）雇主或者其授权代表或者其工作人员故意在劳动许可证、《雇主登记册》或者任何其他文件上就劳动者的工作时间及工作条件作出虚假证明的，以及劳动者故意使用这些证明的；

　　f) 雇主或者其授权代表或者其工作人员在知情情况下雇用、试图雇用或者留用一名仍然与另一雇主存在劳动合同的劳动者、受学徒合同约束的学徒或者在职业培训中心接受职业培训的受训人员，拒绝向受害方承担损害赔偿责任的；

　　g) 作为结算或者支付工资、津贴、补助和开支方面的中介，向劳动者索要或者接受任何报酬的；

　　h) 作为就业公共服务机构的工作人员要求或者接收就职业登记或者介绍工作服务支付报酬的；或者在职业登记或者介绍工作服务过程中，向公共劳动服务部门的工作人员支付报酬的。

　　第353条　未获得劳动部主管服务机构批准的外籍劳动者合同签章，雇主将外国人引进到尼日尔或者雇用他们的，处五十万西法以上一百万西法以下罚款。

　　罚款的次数与在尼日尔境内非法引进或者使用外国人的次数一致。

　　累犯的，罚款为二百万西法以上五百万西法以下。

　　违反本法第25条规定的，处罚相同。

　　第354条　违反本法第134条和第135条规定的，处二十万西法以上三十万西法以下罚款；累犯的，罚款增加到四十万西法以上一百万西法以下。

　　第355条　阻碍或者企图阻碍劳动监察员和劳动管控员及作为劳动监察员候补的区域行政单位负责人履行其义务或者行使其职权的，处三十万西法以上五十万西法以下罚款。

累犯的，罚款加倍。刑法关于使用暴力和各种极端手段来阻碍司法警察执法的处罚规定同样适用于阻碍劳动监察员或者其代表执法的行为人。

第356条 雇主未经劳动者同意对其进行艾滋病测试的，处五十万西法以上二百万西法以下罚款；同时，这不影响其他可能需要支付的赔偿。

前款规定不适用于以下情形：

1. 在流行病普查中进行的匿名测试；

2. 筛查目的是在劳动者存在生命危险时对劳动者病情进行诊断；

3. 在司法程序中，按照专家要求进行艾滋病毒状况检查。

累犯的，罚款加倍。

第357条 雇主为个人利益或者公司需要扣留使用用作担保的款项或者证券的，依照刑法第338条的规定处罚。

第358条 企业管理人员违反本法第186条、第187条和第203条规定的，处五十万西法以上二百万西法以下罚款。

罚款的适用次数取决于受本法第186条和第187条禁止行为影响的人数。

劳动监察员或者其代表及司法警察确定此类违法行为。

第359条 为解决集体纠纷被正式传唤的一方当事人违反本法第317条规定无正当理由不出庭也不派代表出庭进行调解的，处十万西法以上二十五万西法以下罚款。

被正式传唤的当事人未亲自或者派代表出席仲裁委员会庭审的，仲裁委员会应当起草一份报告，由劳动监察员转交检察机关。对此类违法行为，处二十五万西法以上五百万西法以下罚款。

故意拒绝向仲裁委员会提供本法第 330 条所述文件的，仲裁委员会应当起草一份报告，由劳动监察员转交检察机关。对此类违法行为，处二十五万西法以上五百万西法以下罚款。

第 360 条 依照本编规定处普通治安罚款的，罚款次数与从事违法行为的次数保持一致，但是罚款总额不得超过二百万西法。

该条款尤其适用于违反本法规定的条件雇用多名劳动者的。

本编"累犯"是指被判处一定处罚的当事人，在前一次违法行为被定性后十二个月内再次违反同一条款的。

第 361 条 企业负责人对其代理人或者其工作人员的裁判承担民事责任。

第九编

过渡条款与最终条款

第362条 本法规定自动适用于优于本法授予条件的现行个人合同。本法施行后，劳动者应当继续享有以前享有的高于本法规定的福利条件。

现行合同中任何不符合本法或者依照本法发布的法令、决定规定的，应当在本法或者有关法令、决定发布后六个月内进行修改。

一方当事人拒绝修改的，主管司法机关可以责令其进行必要修改，否则，对其处以罚款。

第363条 依照本法订立新的集体公约前，在不违反本法规定的情况下，以前的集体公约继续有效。这些公约依照本法规定的条件予以扩展。

第364条 自本法施行之日起，与之相悖的以前的规定废止，特别是1996年6月29日第96-039号法令确立的《尼日尔共和国劳动法》。

但是，依照前一法律设立的机构及其相关程序和管理要求，在与本法规定一致前提下继续有效。

第365条 本法在尼日尔共和国的官方报纸上公布，作为国家法律施行。

尼亚美，2012年9月25日

签署：尼日尔共和国总统
穆罕默杜·伊素福

总理
布里吉·拉菲尼

公职和劳动部长
萨博·法图玛·扎拉·布巴卡尔（女）

副本：
政府总秘书长
甘杜·扎卡拉

RÉPUBLIQUE DU NIGER   LOI N° 2012-045

Fraternité-Travail-Progrès   du 25 septembre 2012

portant Code du travail de la
République du Niger

Vu   La Constitution du 25 novembre 2010;

LE CONSEIL DES MINISTRES ENTENDU,
L'ASSEMBLEE NATIONALE A DELIBERE ET ADOPTE,
LE PRESIDENT DE LA REPUBLIQUE PROMULGUE
LA LOI DONT LA TENEUR SUIT:

TITRE PREMIER

DES DISPOSITIONS GÉNÉRALES

TITRE PREMIER
DES DISPOSITIONS GÉNÉRALES

Article premier : Le présent Code régit les rapports entre employeurs et travailleurs. Il est applicable sur l'ensemble du territoire de la République du Niger.

Article 2 : Est considérée comme travailleur au sens du présent Code, quels que soient son sexe et sa nationalité, toute personne qui s'est engagée à mettre son activité professionnelle, moyennant rémunération, sous la direction et l'autorité d'une autre personne, physique ou morale, publique ou privée.

Pour la détermination de la qualité de travailleur, il n'est tenu compte ni du statut juridique de l'employeur, ni de celui de l'employé. Toutefois, les personnes nommées dans un emploi permanent d'un cadre d'une administration publique ne sont pas soumises aux dispositions du présent Code.

Article 3 : Est considérée comme employeur et constitue une entreprise soumise aux dispositions du présent Code, toute personne physique ou morale, de droit public ou de droit privé, employant un ou plusieurs travailleurs, quelle que soit son activité ou son statut : entreprise commerciale, industrielle, agricole ou de services, profession libérale, institution de bienfaisance, organisation non gouvernementale, association ou confrérie religieuse, ainsi que toutes autres institutions avec ou sans but lucratif.

L'entreprise comprend un ou plusieurs établissements formés d'un groupe de personnes travaillant en commun en un lieu déterminé (usine, local ou chantier, notamment) sous une autorité commune représentant l'employeur.

Un établissement donné relève toujours d'une entreprise. Un établissement unique et indépendant constitue à la fois une entreprise et un établissement. L'établissement peut ne comporter qu'une seule personne.

Article 4: Le travail forcé ou obligatoire est interdit.

Le terme « travail forcé ou obligatoire » désigne tout travail ou service exigé d'un individu sous la menace d'une peine quelconque et pour lequel ledit individu ne s'est pas offert de plein gré.

Le fait d'exiger le travail forcé ou obligatoire est sanctionné conformément aux dispositions du présent code.

Toutefois, le terme « travail forcé ou obligatoire » ne comprend pas:

1. tout travail ou service exigé en vertu des lois et règlements sur le service militaire obligatoire et ayant un caractère purement militaire;

2. tout travail ou service d'intérêt général faisant partie des obligations civiques des citoyens, telles qu'elles sont définies par les lois et les règlements;

3. tout travail ou service exigé d'un individu comme conséquence d'une condamnation prononcée par une décision judiciaire;

TITRE PREMIER
DES DISPOSITIONS GÉNÉRALES

4. tout travail ou service exigé dans les cas de force majeure, notamment dans les cas de guerre, de sinistres ou menaces de sinistres tels qu'incendies, inondations, épidémies et épizooties violentes, invasions d'animaux, d'insectes ou de parasites végétaux nuisibles et, en général, toutes circonstances mettant en danger ou risquant de mettre en danger la vie ou les conditions normales d'existence de l'ensemble ou d'une partie de la population ;

5. tout travail exécuté dans le cadre familial par les enfants, qui ne compromet pas leur développement et leur épanouissement.

Article 5 : Sous réserve des dispositions expresses du présent Code ou de tout autre texte de nature législative ou réglementaire protégeant les femmes et les enfants, ainsi que des dispositions relatives à la condition des étrangers, aucun employeur ne peut prendre en considération le sexe, l'âge, l'ascendance nationale ou l'origine sociale, la race, la religion, la couleur, l'opinion politique et religieuse, le handicap, le VIH-sida, la drépanocytose, l'appartenance ou la non-appartenance à un syndicat et l'activité syndicale des travailleurs pour arrêter ses décisions en ce qui concerne, notamment, l'embauchage, la conduite et la répartition du travail, la formation professionnelle, l'avancement, la promotion, la rémunération, l'octroi d'avantages sociaux, la discipline ou la rupture du contrat de travail.

Toute disposition ou tout acte contraire est nul.

Article 6 : Les travailleurs continuent à bénéficier des avantages qui leur ont été consentis lorsque ceux-ci sont supérieurs à ceux que leur reconnaît le présent Code.

De nouveaux avantages peuvent leur être accordés par décision unilatérale d'un employeur ou d'un groupement d'employeurs, par contrat de travail, convention collective ou usage.

Article 7: Une copie du présent Code doit être tenue par l'employeur, pour consultation, à la disposition des représentants du personnel au sens de l'article 211.

TITRE II

DE L'EMPLOI ET DE LA FORMATION PROFESSIONNELLE

TITRE II
DE L'EMPLOI ET DE LA FORMATION PROFESSIONNELLE

Chapitre I De l'emploi

Article 8 : Les entreprises utilisent leur propre main-d'œuvre. Elles peuvent aussi faire appel à du personnel extérieur dans le cadre du travail temporaire et procéder à la mise à disposition de leurs salariés à d'autres entreprises. Elles peuvent également recourir aux services d'un tâcheron.

Article 9 : Sous réserve du respect des dispositions des articles 11, 13 et 48, les employeurs recrutent directement les salariés qu'ils emploient. Ils peuvent aussi faire appel aux services de bureaux de placement publics ou privés.

Article 10 : Tout employeur est tenu de réserver au moins 5% des postes à pourvoir au profit des personnes handicapées lors des recrutements qu'il effectue, dans les conditions fixées par voie réglementaire.

Article 11 : L'employeur doit communiquer toute vacance de poste au service public de l'emploi. Aucune publicité de quelque nature que ce soit, relative au poste à pourvoir, aucune embauche directe ou par l'intermédiaire d'un bureau de placement privé ne peuvent être effectuées avant cette notification.

Article 12 : Toute personne à la recherche d'un emploi doit requérir son inscription auprès du service public de l'emploi. Elle peut, en plus, s'inscrire auprès d'un bureau de placement privé.

Article 13 : Aucun employeur ne peut recruter des travailleurs qui ne seraient pas munis de leur carte d'inscription délivrée par le service public de l'emploi.

Toute embauche doit faire l'objet, dans un délai de dix (10) jours, d'une déclaration établie par l'employeur et adressée au service public de l'emploi du ressort dans les conditions prévues à l'article 286.

Article 14 : Nul ne peut, sans autorisation préalable du ministre en charge du travail, procéder à des opérations d'engagement collectif de travailleurs en vue de leur emploi en dehors du territoire de la République du Niger.

Article 15 : L'ouverture de bureaux ou d'offices privés de placement ayant pour objet exclusif ou principal d'agir comme intermédiaires entre employeurs et travailleurs peut être autorisée par arrêté du ministre en charge du travail pris après avis de la Commission Consultative du Travail et de l'Emploi.

Un décret détermine les conditions de création et de fonctionnement, notamment quant à la rétribution de leurs services, et de contrôle, ainsi que la durée pour laquelle cette autorisation peut être donnée et renouvelée.

Article 16 : Est entrepreneur de travail temporaire, toute personne physique ou morale dont l'activité est de mettre à la disposition provisoire d'utilisateurs, personnes physiques ou morales, des salariés, qu'en fonction d'une qualification convenue, elle embauche et rémunère à cet effet.

Les entreprises de travail temporaire doivent exercer cette activité à l'exclusion de toute autre. Il ne peut être fait appel aux entreprises de travail temporaire pour remplacer des travailleurs en grève.

Des décrets peuvent également déterminer les travaux particulièrement dangereux pour lesquels le recours au travail temporaire est interdit.

Article 17: Le contrat de travail temporaire est conclu par écrit entre l'entrepreneur de travail temporaire et le travailleur mis à la disposition de l'utilisateur. Cette mise à disposition s'appelle mission.

L'entreprise de travail temporaire est réputée employeur. Elle est investie des droits et est débitrice des obligations attachées à cette qualité.

Toutefois, pour les salariés ayant déjà été employés dans le cadre d'une mission au cours des douze (12) mois précédents, l'entrepreneur de travail temporaire qui propose une nouvelle mission est dispensé de la formalité prévue à l'article 11 ci-dessus.

Le salaire perçu par le travailleur temporaire au cours de chaque mission ne peut être inférieur à celui qu'il aurait perçu s'il avait été embauché par l'entreprise utilisatrice. Aucune rémunération, ni aucune indemnisation ne peuvent être demandées au travailleur temporaire pour lui avoir procuré une mission.

Article 18: Le contrat de mise à disposition d'un travailleur temporaire conclu entre l'entreprise de travail temporaire et l'entreprise utilisatrice doit être passé par écrit. Il mentionne expressément le motif justifiant cette mise à disposition par application des dispositions de l'article 19 ci-dessous.

Article 19: Il ne peut être recouru aux services des entreprises de travail temporaire que pour des tâches non durables par nature, notamment dans les cas suivants:

a) absence temporaire d'un salarié pendant la durée de celle-ci;

b) suspension d'un contrat de travail pendant le temps de cette suspension;

c) fin d'un contrat à durée indéterminée dans l'attente de l'entrée en service effective d'un remplaçant;

d) travaux urgents dont l'exécution immédiate est nécessaire pour prévenir les accidents, organiser les mesures de sauvetage ou réparer les insuffisances du matériel, des installations ou bâtiments de l'entreprise présentant un danger pour les travailleurs;

e) survenance d'un surcroît exceptionnel de travail.

La durée des missions de travail temporaire ne peut excéder six (6) mois, renouvelable une (1) fois.

Article 20: La mise à disposition d'un travailleur temporaire auprès d'une entreprise utilisatrice ayant procédé à un licenciement économique dans les douze (12) mois précédents est subordonnée à l'autorisation de l'inspecteur du travail.

Article 21: Le tâcheron est un sous-entrepreneur qui, recrutant lui-même la main-d'œuvre nécessaire, passe avec un entrepreneur un contrat écrit pour l'exécution d'un travail ou la fourniture de certains services moyennant un prix forfaitaire.

Les salariés recrutés par le tâcheron pour l'exécution du contrat de tâcheronnat doivent travailler sous la direction et le contrôle effectifs du tâcheron, sans préjudice du droit de regard qu'a l'entrepreneur sur l'exécution des travaux. Une copie du contrat de tâcheronnat doit être adressée à l'inspecteur du travail du ressort.

Article 22 : Quand les travaux sont exécutés dans les ateliers, magasins ou chantiers de l'entrepreneur, ce dernier est, en cas d'insolvabilité du tâcheron, substitué à celui-ci en ce qui concerne le paiement des salaires dus aux travailleurs.

Quand les travaux sont exécutés dans un lieu autre que les ateliers, magasins ou chantiers de l'entrepreneur, ce dernier est, en cas d'insolvabilité du tâcheron, responsable du paiement des salaires dus aux travailleurs.

Les travailleurs lésés ont, dans ce cas, une action directe contre l'entrepreneur.

Article 23 : Des décrets d'application déterminent, en tant que de besoin, les modalités d'application du présent chapitre.

Chapitre II De la formation professionnelle et de l'apprentissage

Section 1 De la formation professionnelle

Article 24: La formation professionnelle continue a pour objet d'adapter les travailleurs aux changements des techniques et des conditions de travail et de favoriser leur promotion sociale et leur accès aux différents niveaux de qualification.

La formation professionnelle est un droit pour tous les travailleurs. Elle comprend la formation initiale en vue de l'acquisition d'une qualification et d'un premier emploi et la formation professionnelle continue.

L'État, les collectivités territoriales, les établissements publics et privés, les associations, les organisations professionnelles ainsi que les entreprises concourent à assurer la formation professionnelle dans des conditions fixées par voie réglementaire.

Article 25 : Tout employeur utilisant les services de travailleurs de nationalité étrangère est tenu d'assurer la formation de la main-d'œuvre nationale qu'il emploie en vue de la relève de ces travailleurs.

Section 2 Du contrat d'apprentissage

Article 26 : Le contrat d'apprentissage est celui par lequel un chef d'établissement industriel, commercial ou agricole, un artisan ou un façonnier s'oblige à donner ou à faire donner une formation professionnelle méthodique et complète à une autre personne et par lequel celle-ci s'oblige, en retour, à se conformer aux instructions qu'elle reçoit et à exécuter les ouvrages qui lui sont confiés en vue de son apprentissage.

Le contrat doit être constaté par écrit, à peine de nullité. Il est rédigé en langue française.

Le contrat est exempt de tout droit de timbre et d'enregistrement.

Article 27 : Le contrat d'apprentissage est établi en tenant compte des usages et coutumes de la profession.

Il contient en particulier :

1. les nom, prénoms, âge, profession, domicile du maître ou la raison sociale ;

2. les nom, prénoms, âge, domicile de l'apprenti ;

3. les nom, prénom, profession et domicile de ses père et mère, de son tuteur ou de la personne autorisée par les parents ou à défaut par le juge d'instance;

4. la date et la durée du contrat;

5. les conditions de rémunération, de nourriture et de logement de l'apprenti;

6. l'indication des cours professionnels que le chef d'établissement s'engage à faire suivre à l'apprenti, à l'intérieur ou à l'extérieur de l'établissement.

Article 28: Nul ne peut recevoir des apprentis mineurs s'il n'est âgé de vingt et un (21) ans au moins.

Article 29: Aucun maître, s'il ne vit en famille ou en communauté, ne peut loger en son domicile personnel ou dans son atelier, comme apprentis, des jeunes filles mineures.

Article 30: Ne peuvent recevoir des apprentis, les individus qui ont été condamnés soit pour crime, soit pour délit contre les mœurs, soit pour quelque délit que ce soit à une peine d'au moins trois (3) mois de prison sans sursis.

Article 31: Le maître doit prévenir sans retard les parents de l'apprenti ou leurs représentants en cas de maladie, d'absence ou de tout autre fait de nature à motiver leur intervention. Il ne doit employer l'apprenti, dans la mesure de ses forces, qu'aux travaux et services qui se rattachent à l'exercice de sa profession.

Article 32: Le maître doit traiter l'apprenti en bon père de famille et lui assurer les meilleures conditions de logement et de nourriture.

Si l'apprenti ne sait pas lire, écrire et compter ou s'il n'a pas encore terminé sa première éducation religieuse, le maître est tenu de lui accorder le temps et la liberté nécessaires pour son instruction. Ce temps est dévolu à l'apprenti selon un accord réalisé entre les parties, mais ne peut excéder une durée calculée sur la base de deux (2) heures par jour de travail.

Article 33 : Le maître doit enseigner à l'apprenti, progressivement et complètement, l'art, le métier ou la profession spéciale qui fait l'objet du contrat. Il lui délivre, à la fin de son apprentissage, un congé d'acquit ou certificat constatant l'exécution du contrat.

Article 34 : L'apprenti doit à son maître, dans le cadre de l'apprentissage, obéissance et respect.

Il doit l'aider par son travail dans la mesure de ses aptitudes et de ses forces.

L'apprenti dont le temps d'apprentissage est terminé passe un examen devant un organisme agréé par l'État.

Le certificat d'aptitude professionnelle est délivré à l'apprenti qui a subi l'examen avec succès. L'apprenti est tenu de remplacer à la fin de son apprentissage le temps qu'il n'a pu employer par suite de maladie ou d'absence ayant duré plus de quinze (15) jours.

Les modalités d'organisation de cet examen sont fixées par décret pris en Conseil des Ministres, après avis de la Commission Consultative du Travail et de l'Emploi.

Article 35 : L'embauchage comme ouvriers ou employés de jeunes gens liés par un contrat d'apprentissage, élèves ou stagiaires dans les écoles ou centres de formation professionnelle, est passible d'une indemnité au profit du chef d'établissement abandonné.

Tout nouveau contrat d'apprentissage conclu sans que les obligations du précédent contrat aient été remplies complètement ou sans qu'il ait été résolu légalement est nul de plein droit.

Article 36 : Les autres conditions de forme et de fond et les effets du contrat d'apprentissage, ainsi que les cas et les conséquences de sa résiliation et les mesures de contrôle de son exécution, notamment les cas dans lesquels un maître peut se voir interdire de recevoir des apprentis lorsqu'il est fréquent qu'à l'issue de leur contrat ces derniers ne sont pas en état de subir avec succès l'examen d'aptitude professionnelle, sont réglés par décret pris en Conseil des Ministres, après avis de la Commission Consultative du Travail et de l'Emploi.

Article 37 : Des arrêtés du ministre en charge du travail, pris après avis de la Commission Consultative du Travail et de l'Emploi, peuvent déterminer les catégories d'entreprises dans lesquelles est imposé un pourcentage d'apprentis par rapport au nombre total des travailleurs.

Section 3　De l'apprentissage par alternance

Article 38 : Le contrat d'apprentissage par alternance est un contrat de travail de type particulier par lequel l'employeur s'engage à assurer à un jeune apprenti une formation professionnelle méthodique et complète dispensée alternativement dans un centre de formation et en entreprise ou dans un atelier.

Article 39 : L'organisation de l'apprentissage par alternance et les obligations des parties sont déterminées par voie réglementaire.

Chapitre III Du contrat de travail

Section 1 Des dispositions générales

Article 40: Le contrat individuel de travail est la convention par laquelle une personne physique s'engage moyennant rémunération à mettre tout ou partie de son activité professionnelle sous la direction d'une autre personne, physique ou morale, appelée employeur.

Article 41: Quels que soient le lieu de la conclusion du contrat et la résidence de l'une ou l'autre partie, tout contrat de travail conclu entre un employeur et un travailleur pour être exécuté au Niger, est soumis aux dispositions du présent Code.

Il en est de même de tout contrat de travail conclu pour être exécuté sous l'empire d'une autre législation mais dont l'exécution, même partielle, au Niger excède une durée de trois (3) mois.

Article 42: Sous réserve des dispositions expresses du présent Code relatives aux contrats de mission conclus dans le cadre du travail temporaire, aux contrats de travail à durée déterminée, aux contrats de travail conclus avec des travailleurs étrangers et de ceux qui nécessitent l'installation des travailleurs hors de leur résidence habituelle, le contrat de travail est passé librement.

Sous les mêmes réserves, le contrat de travail est constaté dans les formes qu'il convient aux parties d'adopter. Lorsqu'il est écrit, le contrat de travail est exempt de tout droit de timbre et d'enregistrement. L'existence du contrat de travail se prouve par tout moyen.

Section 2 Des obligations des parties au contrat de travail

Article 43 : Le travailleur doit toute son activité professionnelle à l'entreprise, sauf stipulation contraire. Il doit notamment :

- réaliser le travail pour lequel il a été embauché, l'exécuter lui-même et avec soin ;

- exécuter les instructions des supérieurs hiérarchiques données dans le cadre de l'exécution du travail ;

- respecter la discipline de l'entreprise et se soumettre à l'horaire de travail et aux consignes d'hygiène et de sécurité.

En outre, le travailleur est astreint aux obligations de secret professionnel et de non-concurrence.

Article 44 : L'employeur doit :

- procurer à l'employé le travail convenu et au lieu convenu ;

- mettre à la disposition de l'employé les moyens nécessaires à l'accomplissement de son travail ;

- payer les salaires et indemnités dus aux employés en vertu des textes législatifs et réglementaires, conventionnels et contractuels, ainsi que les cotisations sociales ;

- conformer les conditions d'hygiène et de sécurité aux normes prévues par la réglementation en vigueur ;

- traiter le travailleur avec respect ;

- interdire toute forme de violence physique ou psychologique ou tout autre abus en raison des relations de travail.

En outre, l'employeur ne peut exiger de l'employé un travail autre que celui prévu au contrat.

Article 45 : Est interdit le harcèlement sexuel dans le cadre du travail, par abus d'autorité, à l'effet d'obtenir d'autrui des faveurs de nature sexuelle.

Article 46 : L'employeur a l'obligation d'assurer aux personnes handicapées ne pouvant être occupées dans les conditions normales de travail, des emplois et conditions adaptées, ainsi que le droit à une formation spécialisée dans les conditions fixées par voie réglementaire, après avis de la Commission Consultative du Travail et de l'Emploi.

Section 3 De la conclusion du contrat de travail

Article 47 : Le contrat de travail peut être conclu pour une durée indéterminée, ou pour une durée déterminée selon les règles définies à la quatrième section du présent chapitre.

Article 48 : Tout contrat de travail nécessitant l'installation des travailleurs hors de leur résidence habituelle doit être, après visite médicale de ceux-ci, constaté par écrit devant le service public de l'emploi du lieu d'embauche ou, à défaut, devant l'inspecteur du travail ou son suppléant légal.

Les contrats de travail des travailleurs étrangers sont, dans tous les cas, constatés par écrit et soumis au visa du service public de l'emploi, après accord préalable du ministre en charge du travail.

L'apposition du visa au contrat de travail donne lieu à une redevance au profit du service public de l'emploi. Les taux, les modalités d'utilisation et l'affectation de cette redevance sont fixés par voie réglementaire.

Sous réserve des dispositions des conventions et traités régionaux, sous-régionaux ou internationaux signés et ratifiés par le Niger relatifs à la libre circulation des personnes et ou de réciprocité, le visa doit être obtenu avant l'entrée de tout travailleur étranger en territoire nigérien.

Les services d'immigration sont tenus d'exiger le contrat de travail visé aux étrangers entrant au Niger pour exercer une activité professionnelle salariée.

Tout employeur qui, à la date d'entrée en vigueur de la présente loi, utilise les services de travailleurs étrangers sans visa du service public de l'emploi, doit régulariser sans délai leur situation, sous peine de sanction prévue à l'article 353 du présent Code.

En tout état de cause, le recours à la main-d'œuvre étrangère est subordonné à l'absence de compétences nationales, sauf dérogation expresse accordée par le ministre en charge du Travail.

Article 49 : L'autorité compétente vise le contrat après notamment :

1. avoir recueilli, s'il y a lieu, l'avis de l'inspecteur du travail du lieu de l'emploi sur les conditions de travail consenties ;

2. avoir constaté l'identité du travailleur, son libre consentement et la conformité du contrat de travail aux dispositions applicables en matière de travail ;

3. avoir donné aux parties lecture et, éventuellement, traduction du contrat.

Article 50 : La demande du visa incombe à l'employeur. Si le visa prévu au présent article est refusé, l'employeur est admis à effectuer un recours gracieux auprès de l'autorité compétente. Lorsque, à la suite de cette requête, le visa est refusé, le contrat est nul de plein droit.

La décision de l'autorité compétente portant refus du visa doit être motivée.

L'octroi du visa emporte pour l'employeur, l'obligation de préparer un nigérien à la relève du travailleur étranger, au terme de la durée du visa fixé par voie réglementaire.

Le service public de l'emploi requiert par écrit de l'employeur, lors de l'octroi du visa, un cahier de charges portant sur les dispositions prises pour préparer un nigérien à la relève du travailleur étranger.

Si l'omission du visa est due au fait de l'employeur, le travailleur a le droit de faire constater la nullité du contrat et de réclamer des dommages-intérêts.

Le rapatriement est, dans tous ces cas, supporté par l'employeur.

Article 51 : Si l'autorité compétente pour accorder le visa n'a pas fait connaître sa décision dans le délai de trente (30) jours qui suivent la date d'expédition ou de dépôt de la demande, le visa est réputé accordé.

Article 52 : L'engagement à l'essai est facultatif.

À peine de nullité, l'essai et son éventuel renouvellement doivent être constatés par écrit.

L'essai ne peut être conclu ou renouvelé pour une durée supérieure au délai nécessaire pour mettre à l'épreuve le travailleur engagé, compte tenu de la technique et des usages de la profession.

La durée maximale de l'essai et de son éventuel renouvellement est fixée par les conventions collectives. À défaut, des arrêtés du ministre du Travail peuvent déterminer cette durée par catégories professionnelles.

Dans les contrats à durée indéterminée, l'engagement à l'essai ne peut porter, renouvellement compris, que sur une période maximale de six (6) mois; cette période est portée à un (1) an pour les travailleurs embauchés hors du territoire de la République du Niger.

Les délais de recrutement et de route ne sont pas compris dans la durée maximale de l'essai.

Les frais de transport aller et retour du travailleur à l'essai, déplacé de sa résidence habituelle par l'employeur, sont, dans tous les cas, supportés par l'employeur.

Article 53: Lorsqu'un travailleur ayant rompu abusivement un contrat de travail engage à nouveau ses services, le nouvel employeur est solidairement responsable du dommage causé à l'employeur précédent dans l'un des trois cas suivants:

1. quand il est démontré qu'il est intervenu dans le débauchage;

2. quand il a embauché un travailleur qu'il savait déjà lié par un contrat de travail;

3. quand il a continué à occuper un travailleur après avoir

appris que ce travailleur était encore lié à un autre employeur par un contrat de travail.

Dans ce troisième cas, la responsabilité du nouvel employeur cesse d'exister si, au moment où il a été averti, le contrat de travail abusivement rompu par le travailleur arrive à expiration soit, s'il s'agit d'un contrat à durée déterminée par l'arrivée du terme, soit, s'il s'agit d'un contrat à durée indéterminée, par l'expiration du préavis ou si un délai de trois (3) mois s'était écoulé depuis la rupture dudit contrat.

Article 54 : Tout chef d'entreprise qui se fait remettre par un travailleur un cautionnement en numéraire ou en titre doit en délivrer récépissé et le mentionner en détail sur le registre d'employeur prévu à l'article 285. Aucune retenue sur salaire ne peut être opérée à ce titre.

Article 55 : Tout cautionnement doit être mis en dépôt dans le délai d'un (1) mois à dater de sa réception par l'employeur. Mention du cautionnement et de son dépôt est faite sur le registre d'employeur et justifiée par un certificat de dépôt à la disposition de l'inspecteur du travail.

Un décret fixe les modalités de dépôt, ainsi que la liste des caisses publiques et des banques habilitées à le recevoir. Les caisses d'épargne doivent accepter ce dépôt et délivrer un livret spécial, distinct de celui que le travailleur pourrait déjà posséder ou acquérir ultérieurement.

Article 56 : Le retrait de tout ou partie du dépôt ne peut être effectué que sous double consentement de l'employeur et du travailleur, ou sous celui de l'un d'eux habilité à cet effet par une décision de la juridiction compétente.

Article 57 : L'affectation du livret ou du dépôt au cautionnement de l'intéressé entraîne privilège sur les sommes déposées au profit de l'employeur et à l'égard des tiers qui formeraient des saisies-arrêts entre les mains de ce dernier.

Toute saisie-arrêt formée entre les mains de l'administration de la caisse publique ou de la banque est nulle de plein droit.

Section 4 Du contrat à durée déterminée

Article 58 : Le contrat à durée déterminée est un contrat qui prend fin par l'arrivée d'un terme fixé par les parties au moment de sa conclusion.

À l'exception des contrats visés au dernier alinéa de l'article 61 du présent Code, le contrat de travail à durée déterminée doit être passé par écrit.

Le contrat à durée déterminée ne peut avoir ni pour objet ni pour effet de pourvoir un emploi lié durablement à l'activité normale et permanente de l'entreprise.

Article 59 : Le contrat conclu pour une durée déterminée doit comporter un terme précis fixé dès sa conclusion ; il doit donc indiquer la date de son achèvement ou la durée précise pour laquelle il est conclu.

Toutefois, le contrat à durée déterminée peut comporter un terme imprécis dans les cas prévus à l'article 61.

Article 60 : Les contrats à terme précis peuvent être conclus pour une durée maximale de deux (2) ans, renouvelable une fois.

Au terme de la période de renouvellement, la relation de travail peut se poursuivre par contrat de travail à durée indéterminée.

Les contrats à terme précis peuvent comporter une période d'essai dont la durée ne peut excéder une durée calculée à raison d'une journée par semaine et au plus égale à un (1) mois. Le contrat renouvelé ne peut comporter de période d'essai.

Les contrats saisonniers ou pour lesquels, dans certains secteurs d'activité définis par décret, il est d'usage constant de ne pas recourir au contrat à durée indéterminée en raison de la nature de l'activité exercée et du caractère par nature temporaire de ces emplois, peuvent être renouvelés sans limitation.

Article 61 : Les contrats à durée déterminée peuvent comporter un terme imprécis lorsqu'ils sont conclus pour assurer le remplacement d'un travailleur temporairement absent, pour la durée d'une saison, pour un surcroît occasionnel de travail ou pour une activité inhabituelle de l'entreprise.

Le terme est alors constitué par le retour du salarié remplacé ou la rupture du contrat de travail du salarié, la fin de la saison, la fin du surcroît occasionnel de travail ou la fin de l'activité inhabituelle de l'entreprise.

Au moment de l'engagement, l'employeur doit communiquer au salarié les éléments susceptibles d'éclairer ce dernier sur la durée approximative du contrat. La durée de la période d'essai éventuellement convenue ne peut excéder quinze (15) jours.

Sont assimilés aux contrats à durée déterminée à terme imprécis, les contrats des travailleurs journaliers engagés à l'heure ou à la journée pour une occupation de courte durée et payés à la fin de la journée, de la semaine ou de la quinzaine.

Article 62: Les contrats à terme imprécis peuvent être renouvelés librement sans limitation de nombre et sans perte de leur qualité.

Article 63: Les contrats de travail à durée déterminée qui ne satisfont pas aux exigences posées par le présent Code sont réputés à durée indéterminée.

Section 5 De l'exécution et de la suspension du contrat de travail

Article 64: Le règlement intérieur est établi par le chef d'entreprise sous réserve de la communication dont il est fait mention au troisième alinéa du présent article. Son contenu est limité exclusivement aux règles relatives à l'organisation technique du travail, à la discipline et aux prescriptions concernant l'hygiène et la sécurité, nécessaires à la bonne marche de l'entreprise.

Toutes les autres clauses qui viendraient à y figurer, notamment celles relatives à la rémunération, seront considérées comme nulles de plein droit, sous réserve des dispositions du dernier alinéa de l'article 50 ci-dessus.

Avant de le mettre en vigueur, le chef d'entreprise doit communiquer le règlement intérieur aux représentants du personnel, s'il en existe, et à l'inspecteur du travail qui peut exiger le retrait ou la modification des dispositions contraires aux lois et règlements en vigueur.

Les modalités de communication, de dépôt et d'affichage du règlement intérieur, ainsi que le nombre de travailleurs de l'entreprise au-dessus duquel l'existence de ce règlement est obligatoire sont fixés par décret pris en Conseil des Ministres, après avis de la Commission Consultative du Travail et de l'Emploi.

Article 65 : Les modifications apportées au règlement intérieur, ainsi que toute instruction générale et permanente, quelle qu'en soit la forme, émanant de la direction de l'entreprise ou de l'établissement et relative aux matières qui sont du domaine du règlement intérieur sont soumises aux mêmes conditions de communication, d'affichage et de dépôt que le règlement intérieur déjà établi.

Article 66: Il est interdit à l'employeur d'infliger des amendes.

Article 67: Dans les limites de son contrat, le travailleur doit toute son activité professionnelle à l'entreprise.

Sauf convention contraire, il lui est loisible d'exercer toute activité à caractère professionnel en dehors de son temps de travail.

Article 68: Est nulle de plein droit toute clause d'un contrat portant interdiction pour le travailleur d'exercer une activité quelconque à l'expiration du contrat.

Article 69: Toute modification substantielle du contrat de travail par l'employeur requiert l'accord préalable du salarié.

En cas de rejet de la proposition de modification du contrat de travail par le salarié, la rupture du contrat est imputable à l'employeur, si la modification proposée entraine pour le travailleur une diminution des avantages par rapport à ceux attachés à l'emploi qu'il occupait. Dans ce cas, l'employeur est tenu au paiement des droits de licenciement.

Dans le cas contraire, la rupture du contrat est considérée comme résultant de l'initiative de l'agent. Celui-ci est alors considéré comme démissionnaire et ne peut prétendre ni à l'indemnité de licenciement, ni à l'indemnité de préavis.

Article 70: Le contrat est suspendu:

a) en cas de fermeture de l'établissement par suite du départ de l'employeur sous les drapeaux ou pour une période obligatoire d'instruction militaire ;

b) pendant la durée du service militaire du travailleur et pendant les périodes obligatoires d'instruction militaire auxquelles il est astreint ;

c) pendant la durée de l'absence du travailleur, en cas de maladie dûment constatée par un médecin agréé, durée limitée à six (6) mois ; ce délai est prorogé jusqu'au remplacement du travailleur.

Article 71 : Dans chacun des cas visés à l'article précédent, l'employeur est tenu de verser au travailleur dans la limite du préavis, une indemnité assurant à celui-ci le montant de sa rémunération, déduction faite éventuellement des rémunérations ou indemnités qu'il pourrait percevoir en raison même du motif de son absence.

Lorsque le contrat est à durée déterminée, la limite de préavis à prendre en considération est celle fixée pour les contrats à durée indéterminée, mais, dans ce dernier cas, la suspension n'a pas pour effet de proroger le terme initialement prévu au contrat.

En cas de maladie, l'indemnité prévue au présent article peut être versée par le service médical interentreprises auquel adhère l'employeur à l'aide de fonds provenant de la participation de ses adhérents.

Article 72 : Le contrat est également suspendu, notamment, pendant la période de détention préventive du travailleur motivée par des raisons étrangères au service et lorsqu'elle est connue de l'employeur, dans la limite de six (6) mois; pendant les permissions exceptionnelles pouvant être accordées, par l'employeur, au travailleur à l'occasion d'événements familiaux; pendant les périodes de chômage temporaire prévues à l'article 74 ci-dessous.

Dans ces cas, sauf convention contraire et sous réserve des dispositions de l'article 74 ci-dessous, l'employeur n'est pas tenu de maintenir une rémunération.

Article 73 : Les droits des travailleurs mobilisés sont garantis, en tout état de cause, par la législation en vigueur.

Article 74 : Lorsqu'en raison de difficultés économiques graves, ou d'événements imprévus relevant de la force majeure, le fonctionnement de l'entreprise est rendu économiquement ou matériellement impossible, ou particulièrement difficile, l'employeur peut décider de la suspension de tout ou partie de son activité.

Lorsque les raisons déterminant la mise en chômage temporaire sont de nature économique, le chef d'entreprise doit, avant la mise en œuvre de sa décision, réunir et consulter les représentants du personnel au sens de l'article 211 du présent Code. Il en informe l'inspecteur du travail, lequel participe à la réunion.

La décision, ou éventuellement le projet de décision, est communiqué aux participants au moins quinze (15) jours avant la réunion prévue à l'alinéa précédent. Il indique la durée, déterminée ou non, de la mise en chômage temporaire, les catégories et le nombre de salariés susceptibles d'être affectés ainsi que les compensations salariales proposées aux salariés.

Article 75 : La mise en chômage temporaire prononcée pour une durée déterminée peut être renouvelée. La procédure prévue à l'article précédent doit être suivie lorsque les raisons de ce renouvellement sont de nature économique.

En tout état de cause, la mise en chômage technique ne peut être imposée au salarié, en une ou plusieurs fois, pendant plus de trois (3) mois de travail au cours d'une même période de douze (12) mois. Passé le délai de trois (3) mois de travail, le salarié a la faculté de se considérer comme licencié. Avant ce délai, il conserve le droit de démissionner.

Section 6 De la rupture du contrat de travail

Article 76 : Pendant la période d'essai fixée sans fraude ni abus, le contrat de travail peut être rompu librement sans préavis et sans que l'une ou l'autre des parties puisse prétendre à des indemnités.

Article 77 : Le contrat de travail à durée déterminée prend fin à l'arrivée du terme sans indemnités de licenciement, ni préavis. Cependant, l'indemnité compensatrice de congé non pris reste due.

Il ne peut être rompu avant terme que par force majeure,

accord commun ou faute lourde de l'une des parties. Toute rupture prononcée en violation des règles ci-dessus donne lieu à dommages et intérêts.

Lorsque la rupture irrégulière est le fait de l'employeur, ces dommages correspondent aux salaires et avantages de toute nature dont le salarié aurait bénéficié pendant la période restant à courir jusqu'au terme de son contrat.

Le contrat à durée déterminée à terme imprécis conclu pour le remplacement d'un travailleur temporairement absent, peut être rompu par décision unilatérale du salarié dès lors qu'il a été exécuté pendant six (6) mois au moins.

Article 78: Le contrat de travail à durée indéterminée peut toujours cesser par la volonté du salarié. Il peut cesser par la volonté de l'employeur s'il dispose d'un motif légitime lié à l'aptitude ou à la conduite du travailleur, ou fondé sur les nécessités impératives du fonctionnement de l'entreprise, de l'établissement ou du service.

Ne peuvent en aucune façon constituer des motifs légitimes de licenciement, notamment:

- les éléments visés à l'article 5 du présent Code;
- le fait de solliciter, d'exercer ou d'avoir exercé un mandat de représentation du personnel;
- le fait d'avoir déposé une plainte ou participé à des procédures engagées contre un employeur en raison de violations

alléguées de ses obligations, ou présenté un recours devant les autorités administratives compétentes ;

- l'état matrimonial, la grossesse, l'absence temporaire en raison d'une maladie ou d'un accident.

Article 79 : Lorsque l'employeur envisage un licenciement pour des motifs liés à la conduite du salarié ou à son aptitude, il doit, avant toute décision, offrir à l'intéressé de se défendre contre les reproches formulés ou de s'expliquer sur les motifs avancés.

En cas de litige, le tribunal apprécie, en fonction des circonstances, des conditions particulières d'emploi, notamment de la taille de l'entreprise, la mesure dans laquelle l'employeur s'est acquitté de cette obligation.

Article 80 : Le chef d'entreprise qui envisage d'effectuer le licenciement d'un ou plusieurs salariés pour des motifs dont la cause est de nature économique, technologique ou tenant à l'organisation de l'entreprise, doit, avant la mise en œuvre de sa décision, réunir et consulter les représentants du personnel au sens de l'article 211. Il en informe l'inspecteur du travail, lequel participe à la réunion.

Toutefois, et sauf convention ou accord collectif portant stipulation différente, ne sont pas considérés comme des licenciements économiques, les licenciements qui, à la fin d'un chantier, revêtent un caractère normal selon la pratique habituelle et l'exercice régulier de la profession considérée. Ces licenciements font l'objet d'une notification écrite ; les dispositions de l'article 79 ci-dessus ne leur sont pas applicables.

Article 81 : Au moins quinze (15) jours avant la réunion prévue à l'article précédent, l'employeur adresse aux représentants du personnel et à l'inspecteur du travail un dossier présentant les causes des licenciements projetés, le nombre et les catégories de travailleurs qu'ils sont susceptibles d'affecter, les critères d'ordre retenus, la liste prévisionnelle des salariés susceptibles d'être licenciés et la période au cours de laquelle il est prévu d'y procéder.

L'employeur établit l'ordre des licenciements en tenant compte de la qualification et de l'aptitude professionnelles, ainsi que de l'ancienneté dans l'entreprise.

L'ancienneté dans l'entreprise est majorée d'un an pour le travailleur marié et d'un an pour chaque enfant à charge au sens de la législation sur les prestations familiales.

Article 82 : Au cours de la réunion, les motifs avancés, les critères d'ordre retenus par l'employeur et leurs conséquences sur la liste des travailleurs susceptibles d'être licenciés sont examinés et discutés. Chaque participant peut formuler des propositions de nature à prévenir ou à réduire les licenciements envisagés, ou à en limiter les effets défavorables pour les travailleurs intéressés, notamment par la recherche des possibilités de reclassement dans un autre emploi.

Article 83 : Un procès-verbal de la réunion est signé par l'ensemble des participants. L'inspecteur du travail s'assure avant la mise enœuvre des licenciements du respect de la procédure prescrite par le présent Code et des critères retenus par le chef d'entreprise.

En cas de non-respect de la procédure ou des critères fixés, l'inspecteur du travail le notifie par écrit au chef d'entreprise. Celui-ci est tenu de répondre avant de procéder aux licenciements.

Tout licenciement économique prononcé sans respect des dispositions du présent Code est considéré comme abusif. La défaillance de l'inspecteur du travail ou des délégués du personnel ne fait pas obstacle à la poursuite de la procédure.

Article 84 : Lorsque les licenciements envisagés sont effectivement prononcés, le chef d'entreprise en informe sans délai l'inspecteur du travail. La notification des licenciements doit être faite par écrit ; elle doit être motivée.

Article 85 : En cas de litige, la charge de la preuve du motif économique et du respect de l'ordre des licenciements incombe à l'employeur.

Article 86 : Le travailleur licencié pour motif économique bénéficie, en dehors du préavis et de l'éventuelle indemnité de licenciement, d'une indemnité spéciale non imposable, payée par l'employeur et égale à un (1) mois de salaire brut.

En outre, les travailleurs conservent, à titre individuel et collectif, le droit de résilier leur contrat de travail par le biais de départs négociés dont les conditions sont fixées d'accord parties entre l'employeur et les salariés concernés et/ou leurs organisations syndicales respectives.

Les primes et les indemnités légales payées à l'occasion des licenciements pour motifs économiques et des départs négociés sont exemptées d'impôts et taxes.

Article 87: Le travailleur licencié pour motif économique bénéficie pendant deux (2) ans d'une priorité d'embauchage dans la même catégorie d'emploi.

Le travailleur bénéficiant d'une priorité d'embauchage est tenu de communiquer à son employeur tout changement de son adresse survenant après son départ de l'établissement.

En cas de vacance d'emploi à durée indéterminée ou d'une durée déterminée au moins égale à six (6) mois, l'employeur avise l'intéressé par lettre recommandée avec accusé de réception, envoyée à la dernière adresse connue du travailleur. Le travailleur doit se présenter à l'établissement dans un délai maximum de huit (8) jours suivant la date de réception de la lettre.

Article 88: La résiliation du contrat de travail à durée indéterminée est subordonnée à un préavis notifié par la partie qui prend l'initiative de la rupture.

En l'absence de conventions collectives, un décret pris en Conseil des Ministres, après avis de la Commission Consultative du

Travail et de l'Emploi, détermine les conditions et la durée du préavis, compte tenu, notamment, de la durée du contrat et des catégories professionnelles.

Article 89: Pendant la durée de préavis, l'employeur et le travailleur sont tenus au respect de toutes les obligations réciproques qui leur incombent.

En vue de la recherche d'un autre emploi, le travailleur bénéficie, pendant la durée du préavis, d'un jour de liberté par semaine, pris à son choix, globalement ou heure par heure, payé à plein salaire.

La partie à l'égard de laquelle ces obligations ne seraient pas respectées ne peut se voir imposer aucun délai de préavis, sans préjudice des dommages et intérêts qu'elle jugerait bon de demander.

Le travailleur licencié qui a observé la moitié du préavis et qui trouve un autre emploi peut quitter son employeur pour exercer son nouvel emploi, sans que cette rupture soit considérée comme abusive.

Article 90: Sous réserve des dispositions du dernier alinéa de l'article 89 ci-dessus, toute rupture de contrat à durée indéterminée, sans préavis ou sans que le délai de préavis ait été intégralement observé, emporte obligation, pour la partie responsable, de verser à l'autre partie une indemnité dont le montant correspond à la rémunération et aux avantages de toute nature dont aurait bénéficié le travailleur durant le délai de préavis non effectivement respecté.

Cependant, la rupture du contrat peut intervenir sans préavis en cas de faute lourde, sous réserve de notification écrite et motivée de la rupture et de l'appréciation de la gravité de la faute par la juridiction compétente.

Article 91: Toute démission abusive de la part du salarié peut donner lieu à des dommages et intérêts. En cas de litige, il appartient à l'employeur d'apporter la preuve de l'abus.

Tout licenciement prononcé sans motif légitime peut donner lieu à des dommages et intérêts.

La juridiction compétente constate l'irrégularité par une enquête sur les causes et les circonstances de la rupture du contrat. Le jugement doit mentionner expressément le motif allégué par l'employeur.

Article 92: Le montant des dommages et intérêts est fixé compte tenu de tous les éléments qui peuvent justifier l'existence et déterminer l'étendue du préjudice causé et notamment:

a) lorsque la responsabilité incombe au travailleur, du préjudice subi par l'employeur en raison de l'inexécution du contrat;

b) lorsque la responsabilité incombe à l'employeur, des usages, de la nature des services engagés, de l'ancienneté des services, de l'âge du travailleur et des droits acquis à quelque titre que ce soit.

Ces dommages et intérêts ne se confondent ni avec l'indemnité pour inobservation du préavis, ni avec l'indemnité de licenciement éventuellement prévue par le contrat ou la convention collective.

Article 93 : La garantie de la créance de salaire prévue à l'article 176 ci-après s'étend aux indemnités prévues pour inobservation du préavis et aux dommages et intérêts dus en cas de rupture irrégulière du contrat de travail.

Article 94 : À l'expiration de son contrat, tout travailleur peut exiger de son employeur, sous peine de dommages et intérêts, un certificat indiquant exclusivement la date de son entrée, celle de sa sortie, la nature et les dates des emplois successivement occupés.

Ce certificat est exempt de tout droit de timbre et d'enregistrement même s'il contient la formule "libre de tout engagement" ou toute autre formule ne constituant ni obligation ni quittance.

Article 95 : La cessation de l'entreprise, sauf en cas de force majeure, ne dispense pas l'employeur de respecter les règles établies à la présente section. La faillite et la liquidation judiciaire ne sont pas considérées comme des cas de force majeure.

Article 96 : Les parties ne peuvent renoncer à l'avance au droit éventuel de demander des dommages et intérêts en vertu des dispositions ci-dessus.

Section 7 De la modification de la situation de l'employeur

Article 97: S'il survient un changement d'employeur, personne physique ou personne morale, par suite notamment de succession, vente, fusion, transformation du fonds, mise en société, tous les contrats de travail en cours au jour de la modification subsistent entre le nouvel entrepreneur et le personnel de l'entreprise.

L'interruption temporaire de l'activité de l'entreprise ne fait pas, par elle-même, obstacle à l'application des dispositions précédentes.

Article 98: Le nouvel employeur garde néanmoins le droit de procéder à des ruptures de contrat de travail dans les conditions prévues au présent Code. Les salariés dont les contrats ne sont pas rompus ne peuvent prétendre à aucune indemnité du fait du changement d'employeur.

TITRE III

DES CONDITIONS ET DE LA RÉMUNÉRATION DU TRAVAIL

TITRE III
DES CONDITIONS ET DE LA RÉMUNÉRATION DU TRAVAIL

Chapitre I Des conditions de travail

Section 1 De la durée du travail

Article 99 : Dans tous les établissements publics ou privés même d'enseignement ou de bienfaisance, la durée légale du travail des employés ou ouvriers de l'un ou l'autre sexe, de tout âge, travaillant à temps, à la tâche ou aux pièces, est fixée à quarante (40) heures par semaine.

Les heures effectuées au-delà de la durée légale de travail donnent lieu à une majoration de salaire.

Il peut être travaillé une durée moindre dans le cadre du travail à temps partiel.

Article 100 : Dans toutes les entreprises agricoles, les heures de travail sont basées sur deux mille quatre cents (2400) heures pour l'année. Dans cette limite, la durée du travail est fixée par décret. Le décret fixe également la réglementation des heures supplémentaires et les modalités de leur rémunération.

Article 101 : Des décrets pris en Conseil des Ministres, après avis de la Commission Consultative du Travail et de l'Emploi, déterminent par branches d'activité et par catégories professionnelles s'il y a lieu, les modalités d'application de la durée du travail et des dérogations possibles, ainsi que la durée maximale des heures supplémentaires qui peuvent être effectuées en cas de travaux urgents, de travaux saisonniers ou exceptionnels, ou dans le domaine des mines, de l'énergie et du pétrole.

Section 2 Du travail de nuit

Article 102 : Les heures pendant lesquelles le travail est considéré comme travail de nuit sont fixées par décret pris en Conseil des Ministres, après avis de la Commission Consultative du Travail et de l'Emploi. Les heures de commencement et de fin de travail de nuit peuvent varier selon les régions.

Article 103 : Le travail de nuit est interdit pour les jeunes travailleurs âgés de moins de dix-huit (18) ans, sauf dérogations particulières accordées, dans des conditions fixées par décret, en raison de la nature particulière de l'activité professionnelle.

Article 104 : Le repos de jeunes travailleurs âgés de moins de dix-huit (18) ans doit avoir une durée minimale de douze (12) heures consécutives.

Article 105 : Les conditions dans lesquelles s'effectue le travail de nuit, en particulier les garanties spécifiques exigées par la nature de ce travail, sont fixées par décret.

Section 3 Du travail des enfants

Article 106: Les enfants ne peuvent être employés dans une entreprise, même comme apprentis, avant l'âge de quatorze (14) ans, sauf dérogation édictée par décret pris en Conseil des Ministres, après avis de la Commission Consultative du Travail et de l'Emploi, compte tenu des circonstances locales et des tâches qui peuvent leur être demandées.

Un décret fixe la nature des travaux et les catégories d'entreprises interdits aux jeunes gens et l'âge limite auquel s'applique l'interdiction.

Article 107: Les enfants âgés de quatorze (14) ans révolus peuvent effectuer des travaux légers. L'employeur est tenu d'adresser une déclaration préalable à l'inspecteur du travail du ressort qui dispose d'un délai de huit (08) jours pour lui notifier son accord ou son désaccord éventuel.

En tout état de cause, sont interdites les pires formes de travail des enfants.

Sont considérées comme pires formes de travail des enfants:

1. toutes formes d'esclavage ou pratiques analogues, telles que la vente et la traite des enfants, la servitude pour dettes et le

servage, ainsi que le travail forcé ou obligatoire, y compris le recrutement forcé ou obligatoire des enfants en vue de leur utilisation dans des conflits armés;

2. l'utilisation, le recrutement ou l'offre d'un enfant à des fins de prostitution, de production de matériel pornographique ou de spectacles pornographiques;

3. l'utilisation, le recrutement ou l'offre d'un enfant aux fins d'activités illicites, notamment pour la production et le trafic de stupéfiants, tels que les définissent les conventions internationales y relatives;

4. les travaux qui, par leur nature ou les conditions dans lesquelles ils s'exercent, sont susceptibles de nuire à la santé, à la sécurité ou à la moralité de l'enfant.

Le fait de soumettre un enfant à des pires formes de travail est sanctionné conformément aux dispositions du présent Code.

La liste des travaux visés au présent article et les catégories d'entreprises interdites aux enfants, sont fixées par voie réglementaire.

Article 108: L'inspecteur du travail peut requérir l'examen des enfants par un médecin agréé en vue de vérifier si le travail dont ils sont chargés n'excède pas leurs forces. Cette réquisition est de droit à la demande des intéressés.

L'enfant ne peut être maintenu dans un emploi ainsi reconnu au-dessus de ses forces et doit être affecté à un emploi convenable.

Si cela n'est pas possible, le contrat doit être résolu avec paiement de l'indemnité de préavis.

Section 4 De la protection de la femme et de la maternité

Article 109 : Des décrets pris en Conseil des Ministres, après avis de la Commission Consultative du Travail et de l'Emploi, fixent la nature des travaux interdits aux femmes et aux femmes enceintes.

Ne peuvent être interdits que les travaux de nature à porter atteinte à leur capacité de procréation ou, dans le cas d'une femme enceinte, ceux affectant sa santé ou celle de l'enfant.

Les dispositions de l'article 108 ci-dessus, peuvent être mises en œuvre au profit de la femme au travail.

Article 110 : Toute femme enceinte dont l'état a été constaté médicalement ou dont la grossesse est apparente peut quitter le travail sans avoir de ce fait à payer une indemnité de rupture de contrat.

Article 111 : À l'occasion de son accouchement, et sans que cette interruption de service puisse être considérée comme une cause de rupture du contrat, toute femme a le droit de suspendre son travail pendant quatorze (14) semaines consécutives dont huit (8) semaines postérieures à la délivrance ; cette suspension peut être prolongée de trois (3) semaines en cas de maladie dûment constatée et résultant de la grossesse ou des couches.

Pendant cette période, l'employeur ne peut lui donner congé. Il ne peut en outre, même avec son accord, employer la femme dans les six (6) semaines qui suivent son accouchement.

Article 112 : Pendant la période prévue à l'article précédent, la femme a droit, à la charge de l'organisme de sécurité sociale, au remboursement, dans les limites des tarifs des formations sanitaires administratives, des frais d'accouchement et, le cas échéant, des soins médicaux ainsi qu'à la moitié du salaire qu'elle percevait au moment de la suspension du travail; elle conserve le droit aux prestations en nature à la charge de l'employeur.

Les dispositions ci-dessus ne peuvent faire obstacle à un éventuel relèvement de la prestation compensatoire de salaire qui pourrait résulter d'une modification de la législation relative à la Sécurité sociale. Toute convention contraire est nulle de plein droit.

L'organisme de sécurité sociale établit, aux fins visées ci-dessus, un compte de gestion distinct alimenté par les cotisations des employeurs.

Article 113 : Pendant une période de douze (12) mois à compter de la naissance de l'enfant, la mère a droit à des repos pour allaitement. La durée totale de ces repos ne peut dépasser une (1) heure par journée de travail.

La mère peut, pendant cette période, quitter son travail sans préavis et sans avoir de ce fait à payer une indemnité de rupture.

Section 5   Du repos hebdomadaire

Article 114 : Le repos hebdomadaire est obligatoire, il est au minimum de vingt-quatre (24) heures consécutives par semaine.

Article 115 : Un décret, pris en Conseil des Ministres, après avis de la Commission Consultative du Travail et de l'Emploi, détermine notamment, les professions pour lesquelles et les conditions dans lesquelles le repos peut exceptionnellement et pour les motifs nettement établis, soit être donné par roulement ou collectivement, soit être suspendu par compensation des fêtes rituelles ou locales, ou être réparti sur une période plus longue que la semaine.

Section 6   Des congés payés

Article 116 : Sauf dispositions plus favorables des conventions collectives ou du contrat individuel, le travailleur acquiert droit au congé payé, à la charge de l'employeur, à raison de deux jours et demi (2,5) calendaires par mois de service effectif, sans distinction d'âge.

La durée du congé est augmentée à raison de deux (2) jours

ouvrables après vingt (20) ans de services continus ou non dans la même entreprise, de quatre (4) jours après vingt-cinq (25) ans et de six (6) jours après trente (30) ans.

Article 117 : Quelle que soit la durée de leurs services, les jeunes gens âgés de moins de vingt et un (21) ans au premier janvier de l'année en cours ont droit, s'ils le demandent, à un congé fixé à trente (30) jours calendaires, sans qu'ils puissent exiger pour les journées de congé dont ils réclameraient le bénéfice, aucune allocation de congé en sus de celle qu'ils ont acquise en raison du travail accompli au moment de leur départ en congé.

Article 118 : Dans le cas visé à l'article 161 premier alinéa et si le travailleur a sa résidence habituelle hors d'Afrique, la durée du congé est fixée à six (6) jours calendaires par mois de service effectif.

Article 119 : Les femmes salariées ou apprenties âgées de moins de vingt et un (21) ans au premier janvier de l'année en cours, ont droit à deux (2) jours ouvrables de congé supplémentaire par enfant à charge ; celles qui sont âgées de vingt et un (21) ans ou plus bénéficient du même avantage pour tout enfant à charge après le troisième.

Est réputé à charge, l'enfant enregistré à l'état civil qui n'a pas atteint l'âge de quinze (15) ans. Le congé supplémentaire prévu au profit des mères de famille est réduit à un (1) jour si la durée du congé normal, déterminée en application des autres

TITRE III
DES CONDITIONS ET DE LA RÉMUNÉRATION DU TRAVAIL

dispositions du présent article, n'excède pas six (6) jours.

Les travailleurs titulaires de la médaille d'honneur du travail bénéficient d'un (1) jour ouvrable de congé supplémentaire par an.

Article 120 : Pour le calcul de la durée des congés acquis, ne sont pas déduites les absences pour accident du travail ou maladie professionnelle, les périodes de repos des femmes en couches, prévues à l'article 111, ni, dans une limite de six (6) mois, les absences pour maladie dûment constatées par un médecin agréé, ni les périodes de service militaire obligatoire.

Sont également décomptés, sur les bases indiquées ci-dessus, les services effectués sans congé correspondant pour le compte du même employeur quel que soit le lieu de l'emploi.

Les permissions exceptionnelles qui auront été accordées au travailleur à l'occasion d'événements familiaux ne peuvent être déduites de la durée du congé acquis. Par contre, les congés spéciaux accordés en sus des jours fériés peuvent être déduits s'ils n'ont pas fait l'objet d'une compensation ou récupération des journées ainsi accordées.

Article 121 : Un décret pris en Conseil des Ministres, après avis de la Commission Consultative du Travail et de l'Emploi, détermine, en tant que de besoin, les dispositions relatives au régime des congés payés notamment en ce qui concerne l'aménagement du congé et le calcul de l'allocation de congé.

Article 122 : Le droit de jouissance au congé est acquis après une durée de service effectif égale à douze (12).

La jouissance effective du congé peut être reportée par accord entre les parties sans que la durée de service effectif puisse excéder vingt quatre (24) mois.

Article 123: Les conventions collectives ou le contrat individuel octroyant un congé d'une durée supérieure à celle fixée au premier alinéa de l'article 116 peuvent prévoir une durée plus longue de service effectif ouvrant droit au congé, sans que cette durée puisse être supérieure à vingt (20) mois.

Dans le cas visé au deuxième alinéa de l'article précédent, la durée de service effectif ouvrant droit au congé pourra atteindre vingt-quatre (24) mois si le travailleur effectue son premier séjour et vingt (20) mois pour les séjours suivants.

Article 124: En cas de rupture ou d'expiration du contrat avant que le travailleur ait acquis droit au congé, une indemnité calculée sur la base des droits acquis d'après les dispositions de la présente section ou les stipulations des conventions collectives ou du contrat individuel doit être accordée à la place du congé.

En dehors de ce cas, est nulle et de nul effet toute convention prévoyant l'octroi d'une indemnité compensatrice aux lieu et place du congé.

Le travailleur engagé à l'heure ou à la journée, pour une occupation de courte durée n'excédant pas une journée, perçoit son allocation de congé en même temps que le salaire acquis, au plus tard en fin de journée, sous forme d'une indemnité compensatrice de congé payé.

Article 125 : Le travailleur est libre de prendre son congé dans le pays de son choix, sous réserve des dispositions des articles 126, 129 et 132.

Article 126 : L'employeur doit verser au travailleur, au moment de son départ en congé et pour la durée de ce congé, une allocation au moins égale aux salaires et aux divers éléments de rémunération définis à l'article 166, dont le travailleur bénéficiait au cours des douze (12) mois ayant précédé la date du départ en congé.

Les conventions collectives ou le contrat individuel peuvent exclure de la rémunération prise en considération pour le calcul de l'allocation de congé, l'indemnité octroyée en application des dispositions de l'article 162. Pour les travailleurs bénéficiaires de cette dernière indemnité, la durée du congé est augmentée des délais de route.

À défaut de convention contraire, les délais de route ne peuvent être supérieurs au temps nécessaire au travailleur pour se rendre en congé au lieu de sa résidence habituelle et en revenir, le cas échéant.

Section 7 Des voyages et transports

Article 127: Sous réserve des dispositions prévues à l'article 132, sont à la charge de l'employeur les frais de voyage du travailleur, de son conjoint et de ses enfants mineurs vivant habituellement avec lui ainsi que les frais de transport de leurs bagages:

1. du lieu de la résidence habituelle au lieu d'emploi;

2. du lieu d'emploi au lieu de la résidence habituelle;

- en cas d'expiration du contrat à durée déterminée;

- en cas de résiliation du contrat lorsque le travailleur a acquis droit au congé dans les conditions de la section précédente;

- en cas de rupture du contrat du fait de l'employeur ou à la suite d'une faute lourde de celui-ci;

- en cas de rupture du contrat due à un cas de force majeure;

3. du lieu d'emploi au lieu de la résidence habituelle et vice versa, en cas de congé normal.

Le retour sur le lieu d'emploi n'est dû que si le contrat n'est pas venu à expiration avant la date de fin de congé et si, à cette date, le travailleur est en état de reprendre son service.

Toutefois, le contrat de travail ou la convention collective peut prévoir une durée minimale de séjour du travailleur en deçà de laquelle le transport des familles n'est pas à la charge de l'employeur.

Cette durée ne peut excéder douze (12) mois.

Article 128 : Lorsqu'un contrat est résilié pour des causes autres que celles visées à l'article précédent ou par la faute lourde du travailleur, le montant des frais de transport, aller et retour, incombant à l'employeur, est proportionnel au temps de service du travailleur.

Article 129 : La classe de passage et le poids des bagages sont déterminés par la situation occupée par le travailleur dans l'entreprise, suivant les règles adoptées par l'employeur à l'égard de son personnel ou suivant les usages locaux. Il est tenu compte, dans tous les cas, des charges de famille pour le calcul du poids des bagages.

Article 130 : Sauf stipulation contraire, les voyages et transports sont effectués par une voie et des transports normaux au choix de l'employeur.

Le travailleur qui use d'une voie ou de moyens de transport plus coûteux que ceux régulièrement choisis ou agréés par l'employeur n'est défrayé par celui-ci qu'à concurrence des frais occasionnés par la voie et les moyens régulièrement choisis.

S'il use d'une voie ou de transports plus économiques, il ne peut prétendre qu'au remboursement des frais engagés. Les délais de transport ne sont pas compris dans la durée maximale du contrat telle qu'elle est prévue à l'article 60.

Article 131 : À défaut de convention contraire, le travailleur qui use d'une voie et des moyens de transport moins rapides que ceux régulièrement choisis par l'employeur ne peut prétendre de ce fait à des délais de route plus longs que ceux prévus pour la voie et les moyens normaux.

S'il use d'une voie ou de moyens plus rapides, il continue à bénéficier, en plus de la durée du congé proprement dit, des délais qui auraient été nécessaires en usant de la voie et des moyens choisis par l'employeur.

Article 132 : Le travailleur qui a cessé son service peut faire valoir, auprès de son ancien employeur, ses droits en matière de congé, de voyage et de transport, dans un délai maximum de deux (2) ans à compter du jour de la cessation du travail chez ledit employeur. Toutefois, les frais de voyage ne sont payés par l'employeur qu'en cas de déplacement effectif du travailleur.

Article 133 : Les dispositions de la présente section ne peuvent être un obstacle à l'application de la réglementation sur les conditions d'admission et de séjour des étrangers.

Le travailleur a le droit d'exiger le versement en espèces du montant des frais de rapatriement à la charge de l'employeur, dans les limites du cautionnement qu'il justifie avoir versé.

Section 8 Des économats

Article 134 : Est considérée comme économat, toute organisation où l'employeur pratique, directement ou indirectement, la vente ou la cession de marchandises aux travailleurs de l'entreprise pour leurs besoins personnels et normaux.

Les économats sont admis sous la triple condition :

a) que les travailleurs ne soient pas obligés de s'y fournir ;

b) que la vente des marchandises y soit faite exclusivement au comptant et sans bénéfice ;

c) que la comptabilité du ou des économats de l'entreprise soit entièrement autonome et soumise au contrôle d'une commission de surveillance élue par les travailleurs.

Le prix des marchandises mises en vente doit être affiché lisiblement. Tout commerce installé à l'intérieur de l'entreprise est soumis aux dispositions qui précèdent, à l'exception des coopératives ouvrières.

La vente des alcools et spiritueux est interdite dans les économats, ainsi que sur le lieu d'emploi du travailleur.

Article 135 : L'ouverture d'un économat dans les conditions prévues à l'article précédent est subordonnée à l'autorisation du ministre en charge du travail, délivrée après avis de l'inspecteur du travail.

Elle peut être prescrite dans toute entreprise par le ministre en charge du travail sur proposition de l'inspecteur du travail.

Le fonctionnement est contrôlé par l'inspecteur du travail qui, en cas d'abus constaté, peut prescrire la fermeture provisoire pour une durée maximale d'un (1) mois.

Le ministre en charge du travail peut ordonner la fermeture définitive du ou des économats de l'entreprise sur rapport de l'inspecteur du travail.

Chapitre II De l'hygiène, de la sécurité et santé au travail

Section 1 De l'hygiène et de la sécurité

Article 136: Pour protéger la vie et la santé des salariés, l'employeur est tenu de prendre toutes les mesures utiles qui sont adaptées aux conditions d'exploitation de l'entreprise. Il doit notamment aménager les installations et organiser le travail de manière à préserver le mieux possible les salariés des accidents et maladies.

Lorsqu'une protection suffisante contre les risques d'accident ou d'atteinte à la santé ne peut pas être assurée par d'autres moyens, l'employeur doit fournir et entretenir les équipements de protection individuelle et les vêtements de protection qui peuvent être raisonnablement exigés pour permettre aux salariés d'effectuer leur travail en toute sécurité.

Article 137 : Tout employeur est tenu d'organiser une formation en matière d'hygiène et de sécurité au bénéfice des salariés nouvellement embauchés, et de ceux qui changent de poste de travail ou de technique. Cette formation doit être actualisée au profit du personnel concerné en cas de changement de la législation ou de la réglementation.

Les salariés ainsi que toutes les autres personnes intéressées, notamment les travailleurs temporaires mis à disposition, doivent être informés de manière appropriée des risques professionnels susceptibles de se présenter sur les lieux de travail et instruits quant aux moyens disponibles de prévention.

Article 138 : Il est interdit à toute personne d'introduire ou de distribuer, de laisser introduire ou de laisser distribuer, dans les établissements ou entreprises, des boissons alcoolisées à l'usage des travailleurs.

Article 139 : L'employeur ou son représentant doit organiser le contrôle permanent du respect des règles d'hygiène et de sécurité.

Lorsque plusieurs entreprises interviennent simultanément sur un même site, les employeurs sont tenus de collaborer en vue de l'application effective des règles intéressant la santé et la sécurité au travail.

Les salariés, de leur côté, doivent respecter les consignes qui leur sont données, utiliser correctement les dispositifs d'hygiène et de sécurité et s'abstenir de les enlever ou de les modifier sans autorisation de l'employeur.

Ils doivent immédiatement signaler à l'employeur ou à son représentant toute situation de travail dont ils ont un motif raisonnable de penser qu'elle présente un danger grave et imminent pour leur vie ou leur santé ainsi que toute défectuosité qu'ils constatent dans les systèmes de protection.

Article 140 : Des décrets pris en Conseil des Ministres, après avis du comité technique consultatif de santé et de sécurité au travail, déterminent les mesures générales de protection et de salubrité applicables à tous les établissements et entreprises assujettis au présent Code, notamment en ce qui concerne les locaux de travail, l'éclairage, l'aération ou la ventilation, les eaux potables, les fosses d'aisance, l'évacuation des poussières et vapeurs, les précautions à prendre contre les incendies, les rayonnements, le bruit et les vibrations ; et, au fur et à mesure des nécessités constatées, les prescriptions particulières à certaines professions, à certains travaux, opérations ou modes de travail.

Ces décrets comportent des listes de substances et préparations dangereuses pour les travailleurs et dont l'utilisation est limitée ou réglementée, ainsi que des listes de machines ou de leurs parties dangereuses dont la fabrication, la vente, l'importation, la cession à quelque titre que ce soit et l'emploi sont interdits.

Article 141 : Les décrets visés à l'article précédent précisent également dans quels cas et dans quelles conditions l'inspecteur du travail peut recourir à la procédure de la mise en demeure.

Article 142: La mise en demeure doit être faite par écrit soit sur le registre d'employeur, soit par lettre recommandée avec accusé de réception. Elle est datée et signée; elle précise les infractions ou dangers constatés et fixe les délais dans lesquels ils doivent avoir disparu, et qui ne peuvent être inférieurs à quatre (4) jours francs, sauf en cas d'extrême urgence.

Article 143: Lorsqu'il existe des conditions de travail dangereuses pour la sécurité ou la santé des travailleurs et non visées par les décrets prévus par l'article 140, l'employeur est mis en demeure par l'inspecteur du travail d'y remédier dans les formes et conditions prévues à l'article précédent.

Lorsque l'urgence l'exige impérieusement pour la protection de la vie ou de l'intégrité physique des travailleurs, l'inspecteur de travail peut saisir le juge judiciaire d'une demande tendant à ce que soit ordonnée sans délai la fermeture totale ou partielle de l'entreprise dans l'attente du rétablissement des conditions normales de sécurité.

Un décret pris en Conseil des Ministres, après avis de la Commission Consultative du Travail et de l'Emploi fixe les modalités d'application de la procédure et les conditions dans lesquelles les travailleurs victimes de cette fermeture temporaire sont indemnisés par l'employeur.

Article 144: L'employeur est tenu de déclarer tout accident

du travail survenu ou toute maladie professionnelle constatée dans l'entreprise dans les formes et délais prévus par la réglementation sur la réparation des accidents du travail et maladies professionnelles.

Cette déclaration peut être faite par le travailleur ou ses représentants jusqu'à l'expiration de la deuxième année suivant la date de l'accident ou la première constatation médicale de la maladie professionnelle. En ce qui concerne les maladies professionnelles, la date de la première constatation médicale de la maladie est assimilée à la date de l'accident.

Article 145 : Dans les établissements ou entreprises employant habituellement au moins cinquante (50) salariés, il doit être créé un comité de sécurité et de santé au travail composé de l'employeur ou de ses représentants et de représentants du personnel au sens de l'article 211 du présent Code.

L'inspecteur du travail peut demander la création d'un comité de sécurité et santé au travail dans les établissements occupant un effectif inférieur lorsque cette mesure est nécessaire, notamment en raison des dangers particuliers de l'activité, de l'importance des risques constatés, de la nature des travaux et de l'agencement ou de l'équipement des locaux.

Cette décision est susceptible de recours.

Article 146 : Sans préjudice des attributions des délégués du personnel, le comité de sécurité et santé au travail est chargé de l'étude des conditions de santé et de sécurité dans lesquelles sont assurées la protection et la santé des travailleurs, y compris de ceux mis à la disposition de l'employeur par une entreprise extérieure. Il veille à l'application des prescriptions législatives et réglementaires et contribue à l'éducation de l'ensemble des membres de l'entreprise dans le domaine de la santé et de la sécurité.

Le comité de sécurité et santé au travail donne son avis sur le règlement intérieur et sur toute décision de nature à modifier les conditions de santé et de sécurité au travail.

L'employeur doit soumettre à l'avis du comité de sécurité et santé au travail une évaluation générale des risques auxquels sont exposés les travailleurs et un programme de prévention. Cette évaluation ainsi que le programme de prévention doivent être actualisés tous les deux (2) ans au moins.

Article 147 : Un décret pris en Conseil des Ministres, après avis du comité technique consultatif de sécurité et santé au travail détermine les modalités d'application des articles 145 et 146 ci-dessus. Le décret détermine également, en fonction des entreprises, les personnes qui, sans être membres du comité de sécurité et santé au travail, doivent être convoquées à ses réunions.

Section 2   Du service de santé au travail

Article 148 : Tout employeur doit assurer un service de santé

TITRE III
DES CONDITIONS ET DE LA RÉMUNÉRATION DU TRAVAIL

au travail au profit des travailleurs qu'il emploie.

Des décrets pris en Conseil des Ministres, après avis du comité technique consultatif de sécurité et santé au travail déterminent les modalités d'exécution de cette obligation. Ils fixent les conditions dans lesquelles sont effectuées les visites médicales périodiques et classent, compte tenu des conditions locales, du nombre des travailleurs et des membres de leurs familles logés par l'employeur, les entreprises dans différentes catégories selon l'importance des services obligatoires des médecins et des infirmiers mis à leur charge.

Article 149 : Ne comptent pour l'application des prescriptions de l'article précédent que les médecins ou infirmiers ayant fait l'objet d'une décision d'agrément du ministre en charge du travail. Cette décision prise après avis du ministre de la santé peut être rapportée dans les mêmes formes.

Article 150 : Les entreprises groupant moins de mille (1000) travailleurs et se trouvant à proximité d'un centre médical ou d'un dispensaire officiel peuvent utiliser ses services pour les soins à donner aux travailleurs suivant des modalités fixées par décret pris en Conseil des Ministres, après avis du comité technique consultatif de sécurité et santé au travail.

Le service médical et l'organisation des dispensaires ou infirmeries communs à un groupe d'entreprises peuvent être installés suivant les modalités fixées par décret pris en Conseil des

Ministres, après avis du comité technique consultatif de sécurité et santé au travail.

Chacune des entreprises participant au fonctionnement des organisations précitées reste tenue d'avoir une infirmerie avec salle d'isolement pour les cas urgents, dans laquelle le nombre de lits, le matériel et l'approvisionnement sont fixés par décision du ministre en charge du travail, après avis du comité technique consultatif de santé et de sécurité au travail.

Article 151: Dans chaque exploitation dont l'effectif moyen dépasse cent (100) personnes, une visite des travailleurs se déclarant malades est passée chaque matin à l'appel. Les conjoints et enfants des travailleurs de l'exploitation, s'ils le demandent, peuvent se présenter à cette visite pour y être examinés et, le cas échéant, recevoir les soins et les traitements nécessaires. Les résultats de cette visite sont consignés sur un registre spécial dont le modèle est fixé par décret pris en Conseil des Ministres, après avis du comité technique consultatif de sécurité et santé au travail.

Article 152: En cas de maladie d'un travailleur, d'un(e) conjoint(e) ou d'un enfant logé avec lui dans les conditions prévues à l'article 161 du présent Code, l'employeur est tenu de leur fournir gratuitement les soins et médicaments dans la limite des moyens définis à la présente section. L'employeur est également tenu d'assurer gratuitement l'alimentation de tout travailleur malade soigné sur place.

En ce qui concerne le VIH-sida et la drépanocytose, l'employeur est tenu d'assurer la prise en charge à ses employés qui en sont atteints conformément à la réglementation en vigueur. Ces maladies ne peuvent, en aucune manière, fonder le licenciement des travailleurs concernés.

Article 153 : L'employeur doit faire évacuer sur la formation médicale la plus proche les blessés et les malades transportables, non susceptibles d'être traités par les moyens dont il dispose.

Si l'employeur ne dispose pas immédiatement de moyens appropriés, il en rend compte d'urgence au chef de la circonscription administrative la plus proche qui fait procéder à l'évacuation par les moyens à sa disposition.

Les frais occasionnés de ce chef à l'administration doivent être remboursés au tarif officiel des transports médicaux.

Article 154 : Un décret pris en Conseil des Ministres, après avis du comité technique consultatif de sécurité et santé au travail détermine les conditions dans lesquelles les employeurs sont obligatoirement tenus d'installer et d'approvisionner en médicaments et accessoires :

- une infirmerie pour un effectif moyen supérieur à cent (100) travailleurs ;

- une salle de pansements pour un effectif de vingt à cent (100) travailleurs ;

- une boîte de secours pour un effectif inférieur à vingt (20) travailleurs.

Section 3 Des risques émergents

Article 155 : Le stress, le tabagisme, l'alcoolisme, la toxicomanie et le VIH/Sida constituent les risques émergents liés à la santé dans le monde du travail.

Tout employeur est tenu d'informer et de sensibiliser ses travailleurs sur les risques émergents et de leur apporter une assistance psychosociale.

Article 156 : L'employeur ne peut, en aucun cas, exiger d'un demandeur d'emploi un test de dépistage du VIH-sida ou de drépanocytose à l'occasion de son recrutement.

Chapitre III   Du salaire

Article 157 : Par rémunération, ou salaire, il faut entendre le salaire de base ou minimum et tous les autres avantages payés directement ou indirectement en espèces ou en nature, par l'employeur au travailleur en raison de l'emploi de ce dernier.

Section 1   De la détermination du salaire

Article 158 : Dans les conditions prévues au présent chapitre, tout employeur est tenu d'assurer, pour un même travail ou un travail de valeur égale, l'égalité de rémunération entre les salariés, quels que soient, leur origine, leur sexe, leur âge et leur statut.

Article 159 : Les différents éléments de la rémunération doivent être établis selon des normes identiques pour les hommes et pour les femmes.

Les catégories et classifications professionnelles, ainsi que les critères de promotion professionnelle doivent être communs aux travailleurs des deux sexes.

Dans tous les cas, les méthodes d'évaluation des emplois doivent reposer sur des considérations objectives basées essentiellement sur la nature des travaux que ces emplois comportent.

Article 160 : Lorsque le salarié établit des indices sérieux laissant présumer l'existence d'une discrimination contraire aux dispositions des articles 158 et 159 ci-dessus, il incombe à l'employeur de prouver l'absence de discrimination.

Article 161 : Dans le cas où le travailleur permanent, qui n'est pas originaire du lieu d'emploi et n'y a pas sa résidence habituelle, ne peut, par ses propres moyens, se procurer un logement suffisant pour lui et sa famille, l'employeur est tenu de le lui assurer dans les conditions fixées par décret pris en Conseil des Ministres, après avis de la Commission Consultative du Travail et de l'Emploi.

Il en est de même lorsque ce travailleur ne peut, par ses propres moyens, obtenir pour lui et sa famille un ravitaillement régulier en denrées alimentaires de première nécessité. Ces prestations éventuelles constituent un élément de salaire.

Article 162 : Les conventions collectives ou, à défaut, le contrat individuel de travail peuvent prévoir une indemnité destinée à dédommager le travailleur des dépenses et risques supplémentaires auxquels l'exposent sa venue et son séjour au lieu d'emploi, lorsque les conditions climatiques du lieu d'emploi diffèrent de celles caractérisant la résidence habituelle du travailleur et lorsqu'il en résulte pour ce dernier des sujétions particulières du fait de son éloignement du lieu de sa résidence habituelle au lieu d'emploi.

Lorsqu'un travailleur est astreint, par obligation professionnelle, à un déplacement occasionnel et temporaire hors de son lieu habituel d'emploi, il a droit à une indemnité dite "indemnité de déplacement" dont le montant est fixé par convention collective ou, à défaut, par le contrat individuel.

Article 163 : Des décrets pris en Conseil des Ministres, après avis de la Commission Consultative du Travail et de l'Emploi fixent le salaire minimum interprofessionnel garanti et, à défaut de conventions collectives ou dans leur silence, les salaires minima par catégories professionnelles, ainsi que les taux minima des heures supplémentaires et du travail de nuit ou des jours non ouvrables et, éventuellement, les primes d'ancienneté et d'assiduité.

Article 164 : La rémunération d'un travail à la tâche ou aux pièces doit être calculée de telle sorte qu'elle procure au travailleur de capacité moyenne et travaillant normalement un salaire au moins égal à celui du travailleur rémunéré au temps effectuant un travail analogue.

Article 165 : Les taux minima de salaires, ainsi que les conditions de rémunération du travail à la tâche ou aux pièces sont affichés aux bureaux des employeurs et sur les lieux de paie du personnel.

Article 166 : Lorsque la rémunération des services est constituée en totalité ou en partie par des commissions ou des primes et prestations diverses ou des indemnités représentatives de ces prestations, dans la mesure où celles-ci ne constituent pas un remboursement de frais, il en est tenu compte pour le calcul de la rémunération pendant la durée du congé payé, des indemnités de préavis et des dommages et intérêts.

Le montant à prendre en considération à ce titre est la moyenne mensuelle des éléments visés au paragraphe précédent.

La période sur laquelle s'effectue ce calcul n'excède pas les douze (12) mois de service ayant précédé la cessation du travail.

Article 167 : Aucun salaire n'est dû en cas d'absence en dehors des cas prévus par la réglementation en vigueur, sauf accord entre les parties intéressées.

Section 2 Du paiement du salaire

Article 168 : Le salaire doit être payé en monnaie ayant cours légal, nonobstant toute stipulation contraire. Le paiement de tout ou partie du salaire en alcool ou en boissons alcoolisées est formellement interdit.

Le paiement de tout ou partie du salaire en nature est également interdit, sous réserve des dispositions de l'article 161, premier et deuxième alinéas.

Aucun employeur ne peut restreindre de quelque manière que ce soit la liberté du travailleur de disposer de son salaire à son gré.

Article 169 : La paie est faite, sauf cas de force majeure, sur le lieu du travail ou au bureau de l'employeur lorsqu'il est voisin du lieu de travail.

Elle peut aussi être effectuée, à la demande de l'employé, par virement à son compte bancaire ou par chèque barré.

En aucun cas, la paie ne peut être faite dans un débit de boissons ou dans un magasin de vente, sauf pour les travailleurs qui y sont normalement occupés, ni le jour où le travailleur a droit au repos, sauf lorsqu'elle est effectuée par virement bancaire.

Article 170 : A l'exception des professions pour lesquelles des usages établis prévoient une périodicité de paiement différente et qui sont déterminées par arrêté du ministre en charge du travail, pris après avis de la Commission Consultative du Travail et de l'Emploi, le salaire doit être payé à intervalles réguliers ne pouvant excéder quinze (15) jours pour les travailleurs engagés à la journée ou à la semaine, et un (1) mois pour les travailleurs engagés à la quinzaine ou au mois.

Les payements mensuels doivent être effectués au plus tard huit (8) jours après la fin du mois de travail qui donne droit au salaire.

Pour tout travail aux pièces ou au rendement dont l'exécution doit durer plus d'une quinzaine de jours, les dates de paiement peuvent être fixées de gré à gré, mais le travailleur doit recevoir chaque quinzaine des acomptes correspondant au moins à quatre-vingt-dix pour cent (90%) du salaire minimum et être intégralement payé dans la quinzaine qui suit la livraison de l'ouvrage.

Les commissions acquises au cours d'un trimestre doivent êtres payées dans les trois (3) mois suivant la fin de ce trimestre. Les participations aux bénéfices réalisés durant un exercice doivent être payées dans l'année suivante, au plus tôt après trois (3) mois et au plus tard avant neuf (9) mois.

Article 171: Les travailleurs absents le jour de la paie peuvent retirer leur salaire aux heures normales d'ouverture de la caisse et conformément au règlement intérieur de l'entreprise.

Article 172: En cas de résiliation ou de rupture de contrat, le salaire et les indemnités doivent être payés dès la cessation du service.

Toutefois, en cas de litige, l'employeur peut obtenir du président du tribunal du Travail la consignation au secrétariat dudit tribunal de tout ou partie de la fraction saisissable des sommes dues.

L'employeur saisit le président du tribunal du Travail par une déclaration écrite ou orale faite au plus tard dans les cinq (5) jours de la cessation des services, devant le secrétaire du tribunal qui l'inscrit sur un registre spécial. La demande est aussitôt transmise au président qui fixe la date d'audience la plus proche possible, même d'heure à heure.

Les parties sont immédiatement convoquées ainsi qu'il est dit à l'article 300. Elles sont tenues de se présenter en personne au jour et à l'heure fixés par le président du tribunal. Elles peuvent se faire assister ou représenter conformément aux dispositions de l'article 301.

La décision est exécutoire immédiatement nonobstant opposition ou appel.

Article 173 : Le paiement du salaire doit être constaté par une pièce dressée ou certifiée par l'employeur ou son représentant et émargée par chaque intéressé ou par deux (2) témoins s'il est illettré.

Les pièces relatives au paiement du salaire sont conservées par l'employeur dans les mêmes conditions que les pièces comptables et doivent être présentées à toute réquisition de l'inspecteur du travail.

Sauf dérogation autorisée par l'inspecteur du travail, les employeurs sont tenus de délivrer au travailleur au moment du paiement un bulletin individuel de paie dont la contexture est fixée par décret pris en Conseil des Ministres, après avis de la Commission Consultative du Travail et de l'Emploi. Mention est faite par l'employeur du paiement du salaire sur un registre tenu à cette fin.

Article 174: N'est pas opposable au travailleur la mention "pour solde de tout compte" ou toute mention équivalente souscrite par lui, soit au cours de l'exécution soit après la résiliation de son contrat de travail et par laquelle, le travailleur renonce à tout ou partie des droits qu'il tient de son contrat de travail.

L'acceptation sans protestation, ni réserve par le travailleur d'un bulletin de paie ne peut valoir renonciation de sa part au paiement de tout ou partie du salaire, des indemnités et accessoires du salaire qui lui sont dus en vertu des dispositions législatives, réglementaires ou contractuelles. Elle ne peut non plus valoir compte arrêté.

Section 3 Des privilèges, garanties et prescription de la créance salariale

Article 175: Les sommes dues aux entrepreneurs de tous travaux ayant le caractère de travaux publics ne peuvent être frappées de saisie-arrêt, ni d'opposition au préjudice des ouvriers auxquels les salaires sont dus. Les sommes dues aux ouvriers pour salaires sont payées de préférence à celles dues aux fournisseurs.

Article 176: La créance de salaire est garantie sur les meubles et immeubles du débiteur dans les conditions prévues par les textes législatifs particuliers accordant le bénéfice de l'action directe ou certains privilèges spéciaux en faveur de certains travailleurs.

TITRE III
DES CONDITIONS ET DE LA RÉMUNÉRATION DU TRAVAIL

Article 177 : Les dispositions des articles 175 et 176 ne s'appliquent pas à la fraction insaisissable des sommes restant dues sur les salaires effectivement gagnés par les ouvriers pendant les quinze (15) derniers jours de travail ou par les employés pendant les trente (30) derniers jours, sur les commissions dues aux voyageurs et représentants de commerce pour les quatre-vingt-dix (90) derniers jours de travail et sur les salaires dus aux marins de commerce pour la dernière période de paiement.

À cette fraction insaisissable représentant la différence entre les salaires et les commissions dus et la portion saisissable de ces salaires et commissions, telle qu'elle est déterminée par les décrets prévus à l'article 181, s'applique la procédure exceptionnelle suivante :

a) les fractions des salaires et commissions ainsi désignées pour faire l'objet d'une mesure d'exception doivent être payées, nonobstant l'existence de toute autre créance, dans les dix (10) jours qui suivent le jugement déclaratif de faillite ou de liquidation judiciaire, et sur simple ordonnance du juge commissaire, à la seule condition que le syndic ou le liquidateur ait en mains les fonds nécessaires ;

b) au cas où cette condition ne serait pas remplie, lesdites fractions de salaires et commissions doivent être acquittées sur les premières rentrées de fonds, nonobstant l'existence et le rang de toute autre créance privilégiée ;

c) au cas où lesdites fractions de salaires et commissions seraient payées grâce à une avance faite par le syndic, le liquidateur ou toute autre personne, le prêteur serait, par cela même, subrogé dans les droits des salariés et devrait être remboursé dès la rentrée des fonds nécessaires sans qu'aucun autre créancier ne puisse y faire opposition.

Pour établir le montant des salaires, en vue de l'application des dispositions du présent article, il doit être tenu compte non seulement des salaires et appointements proprement dits, mais de tous les accessoires desdits salaires et appointements et, éventuellement, de l'indemnité de préavis, de l'indemnité de congé payé et de l'indemnité pour rupture abusive du contrat de travail.

Article 178: L'ouvrier détenteur de l'objet par lui ouvré peut exercer le droit de rétention.

Les objets mobiliers confiés à un ouvrier pour être travaillés, façonnés, réparés ou nettoyés et qui n'ont pas été retirés dans le délai de deux (2) ans peuvent être vendus dans les conditions et formes déterminées par décret.

Article 179: L'action en paiement du salaire se prescrit par deux (2) ans. La prescription court du jour où le salaire est exigible. Elle est suspendue lorsqu'il y a compte arrêté, cédule ou obligation ou citation en justice non périmée et dans le cas prévu au second alinéa de l'article 318 ci-après.

Section 4   Des retenues sur salaires

Article 180 : En dehors des prélèvements obligatoires et des consignations qui peuvent être prévues par les conventions collectives et les contrats, il ne peut être fait de retenue sur les appointements ou salaires que par saisie-arrêt ou cession volontaire, souscrite devant le magistrat du lieu de la résidence ou à défaut l'inspecteur du travail, pour le remboursement d'avances d'argent consenties par l'employeur au travailleur.

Toutefois, lorsque le magistrat ou l'inspecteur du travail habite à plus de vingt-cinq kilomètres, il peut y avoir consentement réciproque et écrit devant le chef de l'unité administrative la plus proche.

Les acomptes sur un travail en cours ne sont pas considérés comme avances. En tout état de cause, il ne peut y avoir compensation entre les appointements ou salaires et les sommes dues par le travailleur, notamment au titre de la réparation d'un préjudice que dans la limite de la partie saisissable et sur les seules sommes immobilisées conformément aux dispositions de l'article 172 au secrétariat du tribunal du Travail.

Article 181 : Des décrets pris en Conseil des Ministres, après avis de la Commission Consultative du Travail et de l'Emploi fixent les portions de salaires soumises à prélèvements progressifs et les taux y afférents.

La retenue visée à l'article précédent ne peut, pour chaque paie, excéder les taux fixés par les décrets. Il doit être tenu compte, pour le calcul de la retenue, non seulement du salaire proprement dit, mais de tous les accessoires du salaire, à l'exception des indemnités déclarées insaisissables par la réglementation en vigueur, des sommes allouées à titre de remboursement de frais exposés par le travailleur et des allocations ou indemnités pour charges de famille.

Article 182 : Les dispositions d'une convention ou d'un contrat autorisant tous autres prélèvements sont nulles de plein droit.

Les sommes retenues au travailleur en violation des dispositions ci-dessus portent intérêt à son profit au taux légal depuis la date où elles auraient dû être payées et peuvent être réclamées par lui jusqu'à prescription, le cours en étant suspendu pendant la durée du contrat.

Les dispositions de la présente section ne font pas obstacle à l'institution de régimes légaux ou réglementaires de prévoyance ou de retraite.

TITRE IV

DE LA REPRÉSENTATION PROFESSIONNELLE ET DE LA NÉGOCIATION COLLECTIVE

TITRE IV
DE LA REPRÉSENTATION PROFESSIONNELLE ET DE LA
NÉGOCIATION COLLECTIVE

Chapitre I   Des syndicats professionnels

Section 1   De la liberté syndicale et de la constitution des syndicats

Article 183 : Les personnes exerçant la même profession, des métiers similaires ou des professions connexes concourant à l'établissement de produits déterminés ou la même profession libérale, peuvent constituer librement un syndicat professionnel.

Tout travailleur ou employeur peut adhérer librement à un syndicat de son choix dans le cadre de sa profession. Il en est de même des personnes ayant quitté l'exercice de leurs fonctions ou de leur profession sous réserve d'avoir exercé ces dernières pendant un an au moins.

Article 184 : Les syndicats professionnels ont pour objet l'étude et la défense des intérêts économiques, industriels, commerciaux et agricoles.

Ils agissent pour la promotion et la défense des intérêts

matériels, moraux et professionnels de leurs membres.

Article 185 : Le caractère représentatif des organisations syndicales d'employeurs et de travailleurs est déterminé par les résultats des élections professionnelles. Le classement issu du résultat de ces élections est constaté par arrêté du ministre en charge du travail.

Un arrêté du ministre en charge du travail détermine les modalités d'organisation de ces élections, après consultation des organisations syndicales d'employeurs et de travailleurs.

Pour la détermination de la représentativité des syndicats en entreprise, il est tenu compte des résultats des élections des délégués du personnel.

Article 186 : Le chef d'entreprise ou ses représentants ne doivent employer aucun moyen de pression en faveur ou à l'encontre d'une organisation syndicale quelconque.

À l'égard des travailleurs, l'employeur est tenu par les dispositions de l'article 5 du présent Code.

Article 187 : La collecte des cotisations peut être effectuée à l'intérieur de l'entreprise. Elle peut également être effectuée par l'employeur, sur autorisation écrite et authentifiée du travailleur, par un prélèvement sur le salaire au profit du syndicat de son choix.

Article 188 : Toute mesure prise par l'employeur contraire aux dispositions des articles 183, 186 et 187 est considérée comme nulle et donne lieu au paiement des dommages et intérêts. Ces dispositions sont d'ordre public.

Article 189 : Les fondateurs de tout syndicat professionnel doivent déposer les statuts et les noms de ceux qui sont chargés de son administration ou de sa direction.

Ce dépôt a lieu à la mairie ou au siège de la circonscription administrative où le syndicat est établi ; il en est donné récépissé ; copie des statuts est adressée à l'inspecteur du travail du ressort et au procureur de la République.

Les modifications apportées aux statuts et les changements survenus dans la composition de la direction ou de l'administration du syndicat doivent être portés, dans les mêmes conditions, à la connaissance des mêmes autorités.

Article 190 : Les membres chargés de l'administration ou de la direction d'un syndicat professionnel doivent être de nationalité nigérienne et jouir de leurs droits civiques et politiques conformément aux dispositions des lois sur l'électorat les régissant.

Sous réserve de jouissance de ces mêmes droits, peuvent également accéder aux fonctions d'administration et de direction, les étrangers séjournant régulièrement sur le territoire du Niger depuis trois (3) ans au moins.

Le délai de trois ans n'est pas applicable aux ressortissants d'États ayant passé des accords stipulant la réciprocité en matière syndicale ou ayant une législation nationale autorisant l'accès aux fonctions syndicales des étrangers sans délai de trois années (3) de résidence antérieure. Dans ces cas, le délai est soit supprimé, soit ramené au délai figurant dans l'accord ou dans la législation nationale.

Article 191: Les travailleurs mineurs âgés de plus de seize (16) ans peuvent adhérer aux syndicats.

Article 192: Tout membre d'un syndicat professionnel peut s'en retirer à tout instant nonobstant toute clause contraire sans préjudice du droit, pour le syndicat, de réclamer la cotisation afférente aux six (6) mois qui suivent le retrait d'adhésion.

Article 193: En cas de dissolution volontaire, statutaire ou prononcée judiciairement, les biens du syndicat sont dévolus conformément aux statuts ou, à défaut de dispositions statutaires, suivant les règles déterminées par l'assemblée générale. En aucun cas, ils ne peuvent être répartis entre les membres adhérents.

Section 2 De la capacité civile des syndicats

Article 194: Les syndicats professionnels jouissent de la personnalité civile. Ils ont le droit d'ester en justice et d'acquérir, à titre gratuit ou onéreux, des biens meubles ou immeubles.

Article 195: Ils peuvent, devant toutes les juridictions répressives, exercer tous les droits réservés à la partie civile, relativement aux faits portant un préjudice direct ou indirect à l'intérêt collectif de la profession qu'ils représentent.

Article 196: Ils peuvent affecter une partie de leurs ressources à la création de logements de travailleurs, à l'acquisition de terrains de culture ou de terrains d'éducation physique à l'usage de leurs membres.

Article 197: Ils peuvent créer, administrer ou subventionner des œuvres professionnelles telles que, institutions de prévoyance, caisses de solidarité, laboratoires, champs d'expérience, œuvres d'éducation scientifique, agricole ou sociale, cours et publications intéressant la profession.

Les immeubles et objets mobiliers nécessaires à leurs réunions, à leurs bibliothèques et à leurs cours d'instruction professionnelle sont insaisissables.

Article 198: Ils peuvent subventionner des sociétés coopératives de production ou de consommation.

Article 199: Ils peuvent passer des contrats ou conventions avec tous autres syndicats, sociétés, entreprises ou personnes. Les conventions collectives du travail sont passées dans les conditions déterminées par le chapitre 3 du titre IV du présent Code.

Article 200: S'ils y sont autorisés par leurs statuts et à condition de ne pas distribuer de bénéfices, même sous la forme de ristournes, à leurs membres, les syndicats peuvent:

1. acheter pour louer, prêter ou répartir entre leurs membres tout ce qui est nécessaire à l'exercice de leur profession, notamment matières premières, outils, instruments, machines,

engrais, semences, plantes, animaux et matières alimentaires pour le bétail ;

2. prêter leur entremise gratuite pour la vente des produits provenant exclusivement du travail personnel ou des exploitations des syndiqués ;

3. faciliter cette vente par expositions, annonces, publications, groupements de commandes et d'expéditions sans pouvoir l'opérer sous leur nom et sous leur responsabilité.

Article 201: Ils peuvent être consultés sur tous les différends et toutes les questions se rattachant à leur spécialité.

Dans les affaires contentieuses, les avis du syndicat sont tenus à la disposition des parties qui peuvent en prendre communication et copie.

Section 3 Des marques syndicales

Article 202: Les syndicats peuvent déposer, dans des conditions déterminées par décret, leurs marques ou labels. Ils peuvent, dès lors, en revendiquer la propriété exclusive dans les conditions dudit décret.

Ces marques ou labels peuvent être apposés sur tout produit ou objet de commerce pour en certifier l'origine et les conditions de fabrication. Ils peuvent être utilisés par tous individus ou entreprises mettant en vente ces produits.

Article 203 : L'utilisation des marques syndicales ou labels ne peut avoir pour effet de porter atteinte à la liberté syndicale et à l'obligation de neutralité de l'employeur vis-à-vis des syndicats de salariés.

Est nulle et de nul effet toute clause de contrat collectif, accord ou entente aux termes de laquelle l'usage de la marque syndicale par un employeur est subordonné à l'obligation pour ledit employeur de ne conserver ou de ne prendre à son service que les adhérents du syndicat propriétaire de la marque.

Section 4 Des caisses de secours mutuels et de retraites

Article 204 : Les syndicats peuvent, en se conformant aux dispositions des lois en vigueur, constituer entre leurs membres des caisses spéciales de secours mutuels et de retraites.

Article 205 : Les fonds de ces caisses spéciales sont exonérés d'impôts et insaisissables dans les limites déterminées par la loi.

Article 206 : Toute personne qui se retire d'un syndicat conserve le droit d'être membre de sociétés de secours mutuels et de retraites pour la vieillesse à l'actif desquelles elle a contribué par des cotisations ou des versements de fonds.

Section 5　Des unions de syndicats

Article 207 : Les syndicats professionnels régulièrement constitués d'après les prescriptions du présent Code peuvent librement se concerter pour l'étude et la défense de leurs intérêts économiques, industriels, commerciaux et agricoles ainsi que pour la défense et la promotion des intérêts matériels, moraux et professionnels de leurs membres. Ils peuvent se constituer en union sous quelque forme que ce soit.

Article 208 : Les dispositions des articles 183, 186, 187, 188 et 191 sont applicables aux unions de syndicats qui doivent, d'autre part, faire connaître, dans les conditions fixées à l'article 189, le nom et le siège des syndicats qui les composent.

Leurs statuts doivent déterminer les règles selon lesquelles les syndicats adhérant à l'union sont représentés dans le conseil d'administration et dans les assemblées générales.

Article 209 : Les unions de syndicats jouissent de tous les droits conférés aux syndicats professionnels par le présent Code.

Article 210 : Des locaux peuvent être, par décret, mis sur leur demande, à la disposition des unions des syndicats pour l'exercice de leur activité.

Chapitre II De la représentation des travailleurs dans l'entreprise

Article 211 : Les représentants du personnel dans l'entreprise ou l'établissement comprennent les délégués du personnel et les délégués syndicaux.

Des conventions ou accords collectifs peuvent instaurer d'autres institutions représentatives : comités d'entreprise ou d'établissement, notamment. Lorsque c'est le cas, les membres représentant les travailleurs au sein de ces institutions sont également considérés comme des représentants du personnel au sens du présent Code.

Section 1 Des délégués du personnel

Article 212 : Dans les entreprises, ou établissements distincts, employant plus de dix (10) salariés, des délégués du personnel sont élus pour une durée de deux (2) ans. Ils sont rééligibles.

Article 213 : L'élection a lieu au scrutin secret et sur des listes établies par les organisations syndicales les plus représentatives au sein de chaque établissement pour chaque catégorie du personnel.

Si le nombre des votants est inférieur à la moitié des inscrits, il est procédé à un second tour de scrutin pour lequel les électeurs peuvent voter pour des candidats autres que ceux proposés par les organisations syndicales.

L'élection a lieu à la représentation proportionnelle, les restes sont attribués à la plus forte moyenne.

Article 214: Sont électeurs, les salariés des deux sexes âgés de dix-huit (18) ans accomplis ayant travaillé au moins six (6) mois dans l'entreprise et jouissant de leurs droits civiques et politiques.

Article 215: Sont éligibles, les électeurs âgés de vingt et un (21) ans accomplis, ayant travaillé dans l'entreprise sans interruption pendant douze (12) mois au moins, à l'exception des ascendants, frères et alliés au même degré du chef d'entreprise.

Article 216: Chaque délégué a un suppléant élu dans les mêmes conditions, qui le remplace en cas d'absence motivée, de décès, démission, révocation, changement de catégorie professionnelle, résiliation du contrat de travail, perte des conditions requises pour l'éligibilité.

Article 217: Les contestations relatives à l'électorat, à l'éligibilité des délégués du personnel ainsi qu'à la régularité des opérations électorales sont de la compétence du président du tribunal du Travail qui statue d'urgence et en dernier ressort.

La décision du président du tribunal peut être déférée à la Cour de cassation.

Article 218 : Les délégués du personnel ont pour mission :

- de présenter aux employeurs toutes les réclamations individuelles ou collectives qui n'auraient pas été directement satisfaites concernant les conditions de travail et la protection des travailleurs, l'application des conventions collectives, des classifications professionnelles et des taux de salaires ;

- de saisir l'inspection du travail de toute plainte ou réclamation concernant l'application des prescriptions légales et réglementaires dont elle est chargée d'assurer le contrôle ;

- de veiller à l'application des prescriptions relatives à l'hygiène à la santé et à la sécurité des travailleurs et à la prévoyance sociale et proposer toutes mesures utiles à ce sujet ;

- de communiquer à l'employeur toutes suggestions utiles tendant à l'amélioration de l'organisation et du rendement de l'entreprise ;

- de faire part à l'employeur de leurs avis et suggestions sur les mesures de licenciement envisagées en cas de diminution d'activité ou de réorganisation intérieure de l'établissement.

Article 219 : Nonobstant les dispositions de l'article 218 ci-dessus, les travailleurs ont la faculté de présenter eux-mêmes leurs réclamations et suggestions à l'employeur.

Article 220 : Le chef d'entreprise ou d'établissement est tenu de laisser aux délégués du personnel dans les limites d'une durée qui, sauf circonstances exceptionnelles, ne peut excéder quinze (15) heures par mois, le temps nécessaire à l'exercice de leurs fonctions.

Ce temps leur est payé comme temps de travail. Les heures passées en réunion avec le chef d'entreprise sur convocation de ce dernier ne sont pas imputables sur ce crédit d'heures.

Article 221 : Les délégués du personnel sont reçus collectivement par le chef d'entreprise ou d'établissement, ou son représentant, au moins une fois par mois. Ils sont, en outre, reçus sur leur demande en cas d'urgence.

Article 222 : Un décret pris après avis de la Commission Consultative du Travail et de l'Emploi fixe, en tant que de besoin, les modalités d'application de la présente section.

Il détermine également le nombre des délégués et leur répartition sur le plan professionnel ; les moyens mis à leur disposition ainsi que les conditions de leur révocation par le collège des travailleurs qui les ont élus.

Section 2   Des délégués syndicaux

Article 223 : Dans les entreprises ou établissements employant au moins cinquante (50) salariés, un délégué syndical peut être désigné par toute organisation syndicale régulièrement constituée et appartenant aux organisations les plus représentatives des travailleurs conformément aux dispositions de l'article 185 du présent Code.

Lorsqu'il existe un collège propre à l'encadrement, les critères de représentativité sont appréciés dans ce seul collège pour toute organisation qui ne présente de candidat que dans celui-ci.

Article 224 : Le délégué syndical assure la représentation de son syndicat dans l'entreprise, tant envers l'employeur qu'envers les travailleurs.

Il est convoqué aux réunions que l'employeur doit organiser avec les délégués du personnel ; il peut y prendre la parole. Il est destinataire de toutes les informations que l'employeur doit aux délégués du personnel.

Pour l'exercice de son mandat, il bénéficie des mêmes heures de délégation que les délégués du personnel.

Article 225 : Le mandat du délégué syndical prend fin lorsque la condition de représentativité cesse d'être remplie ou lorsque que le syndicat décide de mettre fin aux fonctions du délégué.

Il prend fin également en cas de rupture du contrat de travail, de démission du mandat ou de perte des conditions requises pour la désignation.

Article 226 : Un décret pris en Conseil des Ministres, après avis de la Commission Consultative du Travail et de l'Emploi fixe les modalités d'application de la présente section.

Section 3 Du licenciement des représentants du personnel

Article 227 : Tout licenciement d'un représentant du personnel au sens de l'article 211 du présent Code envisagé par l'employeur ou son représentant doit, quelle qu'en soit la cause, être soumis à la décision de l'inspecteur du travail.

L'inspecteur est tenu de rendre sa décision dans les huit (8) jours suivant le dépôt de la demande d'autorisation de licenciement. Ce délai est porté à vingt un (21) jours en cas d'expertise.

L'inspecteur doit notifier sa décision motivée à l'employeur. Ampliation est faite aux représentants du personnel.

En cas de faute lourde, l'employeur peut prononcer immédiatement la mise à pied provisoire de l'intéressé en attendant la décision définitive.

La durée de la mise à pied ne peut excéder un (1) mois. Pendant cette période, le travailleur ne peut prétendre à aucune rémunération, sauf en cas de refus de l'autorisation de licenciement.

Tout licenciement d'un représentant du personnel prononcé par l'employeur sans que l'autorisation préalable de l'inspecteur du travail ait été obtenue ou malgré le rejet de la demande d'autorisation par celui-ci, est nul et de nul effet.

La décision de l'inspecteur du travail est susceptible de recours hiérarchique devant le ministre en charge du travail et d'un recours contentieux devant le tribunal administratif.

Article 228 : La procédure prévue à l'article 227 ci-dessus est applicable pendant une période de six (6) mois, à partir de l'expiration de leur mandat au licenciement des anciens représentants du personnel élus.

Elle est également applicable, dès la publication des candidatures et pendant une période de trois (3) mois, aux candidats présentés au premier tour des élections par les organisations syndicales de travailleurs les plus représentatives.

La procédure est également applicable au licenciement des anciens délégués syndicaux pendant les six (6) mois qui suivent l'expiration de leur mandat à condition que celui-ci ait duré au moins deux (2) ans.

Chapitre III Des conventions et accords collectifs de travail

Section 1 De la nature et de la validité de la convention collective

Article 229: La convention collective de travail est un accord relatif aux conditions d'emploi, de travail ou de salaire, notamment, conclu entre, d'une part, les représentants d'un ou de plusieurs syndicats ou groupements professionnels de travailleurs reconnus les plus représentatifs dans les conditions prévues à l'article 185, et d'autre part, une ou plusieurs organisations syndicales d'employeurs ou tout autre groupement d'employeurs ou un ou plusieurs employeurs pris individuellement.

Article 230: Les conventions collectives déterminent leur champ d'application géographique et professionnel. Le champ géographique peut être national ou local. Le champ professionnel doit être défini en termes d'activité économique. Il peut couvrir plusieurs branches d'activité. Il peut être limité à une ou plusieurs entreprises ou établissements.

Article 231 : La convention peut contenir des dispositions plus favorables aux travailleurs que celles des lois et règlements en vigueur. Elle ne peut déroger aux dispositions d'ordre public de ces lois et règlements.

Article 232 : Dans le cas où une convention collective concernant une branche d'activité déterminée a été conclue sur le plan national ou régional, les conventions collectives conclues sur le plan inférieur, régional ou local, adaptent cette convention ou certaines de ses dispositions aux conditions particulières de travail existant sur le plan inférieur.

Elles peuvent prévoir des dispositions nouvelles et des clauses plus favorables aux travailleurs.

Article 233 : Les représentants des organisations syndicales ou de tout autre groupement professionnel visés à l'article précédent peuvent contracter au nom de l'organisation qu'ils représentent, en vertu :

- soit des stipulations statutaires de cette organisation ;
- soit d'une délibération spéciale de cette organisation ;
- soit de mandats spéciaux et écrits qui leur sont donnés individuellement par tous les adhérents de cette organisation.

À défaut, pour être valable, la convention collective doit être ratifiée par une délibération spéciale de ce groupement. Les groupements déterminent eux-mêmes leur mode de délibération.

Article 234 : Tout syndicat professionnel ou tout employeur qui n'est pas partie à la convention collective peut y adhérer ultérieurement.

Article 235 : La convention collective est conclue pour une durée déterminée ou pour une durée indéterminée. Quand la convention est conclue pour une durée déterminée celle-ci ne peut être supérieure à cinq (5) ans.

Article 236 : À défaut de stipulation contraire, la convention à durée déterminée qui arrive à expiration continue à produire ses effets comme une convention à durée indéterminée. La convention collective à durée indéterminée peut cesser par la volonté d'une des parties.

Article 237 : La convention collective doit prévoir dans quelles formes et à quelle époque elle pourra être dénoncée, renouvelée ou révisée. La convention collective doit prévoir notamment la durée du préavis qui doit précéder la dénonciation.

Article 238 : La convention collective doit être écrite en langue française sous peine de nullité.

Un décret pris en Conseil des Ministres, après avis de la Commission Consultative du Travail et de l'Emploi détermine les conditions dans lesquelles les conventions collectives sont déposées, publiées et traduites.

Article 239 : Les conventions collectives sont applicables, sauf stipulation contraire, à partir du jour qui suit leur dépôt dans les conditions et aux lieux indiqués par le décret susvisé.

Article 240 : Sont soumises aux obligations de la convention collective toutes les personnes qui l'ont signée personnellement ou qui sont membres des organisations signataires. La convention lie également les organisations qui lui donnent leur adhésion, ainsi que tous ceux qui, à un moment quelconque, deviennent membres de ces organisations.

Article 241 : Lorsque l'employeur est lié par les clauses d'une convention collective de travail, ces clauses s'appliquent aux contrats de travail conclus avec lui.

Dans tout établissement compris dans le champ d'application de la convention collective, les dispositions de cette convention s'imposent, sauf dispositions plus favorables pour les travailleurs, aux rapports nés des contrats individuels ou d'équipe.

Section 2 Des conventions collectives étendues

Article 242 : À la demande de l'une des organisations syndicales d'employeurs ou de travailleurs intéressées, considérées comme les plus représentatives au sens de l'article 185 du présent Code, ou de sa propre initiative, le ministre en charge du Travail convoque la réunion d'une commission mixte en vue de la conclusion d'une convention collective de travail ayant pour objet de régler les rapports entre employeurs et travailleurs d'une ou plusieurs branches d'activité sur le plan national, régional ou local.

Un arrêté du ministre en charge du travail détermine la composition de cette commission mixte présidée par le ministre en charge du travail ou son représentant et qui comprend en nombre égal, d'une part, des représentants des organisations syndicales les plus représentatives de travailleurs, d'autre part, des représentants des organisations les plus représentatives d'employeurs ou, à défaut de celles-ci, des employeurs.

Des conventions annexes peuvent être conclues pour chacune des principales catégories professionnelles; elles déterminent les conditions particulières de travail à ces catégories et sont discutées par les représentants des organisations syndicales représentatives des catégories intéressées.

Article 243: Les conventions collectives visées par la présente section comprennent obligatoirement les dispositions concernant:

1. le libre exercice du droit syndical et la liberté d'opinion des travailleurs;

2. les salaires applicables par catégories professionnelles, et éventuellement par région, ainsi que les modalités de détermination des catégories professionnelles;

3. les modalités d'exécution et les taux des heures supplémentaires, du travail de nuit et des jours non ouvrables;

4. la durée de la période d'essai et celle du préavis;

5. les représentants du personnel;

6. la procédure de révision, modification et dénonciation de tout ou partie de la convention collective ;

7. les modalités d'application du principe "à travail de valeur égale, salaire égal" pour les femmes et les jeunes ;

8. les congés payés ;

9. les modalités d'organisation et de fonctionnement de l'apprentissage et de la formation professionnelle dans le cadre de la branche ou des entreprises concernées ;

10. les modalités d'indemnisation du chômage temporaire.

Article 244 : Elles peuvent également contenir, sans que cette énumération soit limitative, des dispositions concernant :

1) les primes d'ancienneté et d'assiduité ;

2) l'indemnité pour frais professionnels et assimilés ;

3) les indemnités de déplacement et les modalités du transport ;

4) quand il y a lieu, l'indemnité visée au premier alinéa de l'article 161 ;

5) les primes de panier pour tous les travailleurs devant prendre leur repas sur le lieu de travail ;

6) les conditions générales de la rémunération au rendement chaque fois qu'un tel mode de rémunération est reconnu possible ;

7) la majoration pour travaux pénibles, dangereux ou insalubres ;

8) les conditions d'embauchage et de licenciement des

travailleurs, sans que les dispositions prévues puissent porter atteinte au libre choix du syndicat par le travailleur;

9) les conditions particulières de travail des femmes et des jeunes gens dans certaines entreprises se trouvant dans le champ d'application de la convention;

10) quand il y a lieu, les modalités de constitution du cautionnement visé à l'article 55;

11) l'emploi à temps réduit de certaines catégories de personnel et les conditions de leur rémunération;

12) l'organisation, la gestion et le financement des services sociaux et médico-sociaux;

13) les conditions particulières du travail: travaux par roulement, travaux durant le repos hebdomadaire et durant les jours fériés;

14) les procédures conventionnelles d'arbitrage suivant lesquelles sont ou peuvent être réglés les conflits collectifs de travail susceptibles de survenir entre les employeurs et les travailleurs liés par la convention;

15) les modalités d'avancement par échelon;

16) l'organisation et le fonctionnement des commissions paritaires de classement.

Les dispositions facultatives reconnues utiles peuvent être rendues obligatoires par décret.

Article 245: À la demande de l'une des organisations

TITRE IV
DE LA REPRÉSENTATION PROFESSIONNELLE ET DE LA NÉGOCIATION COLLECTIVE

syndicales les plus représentatives ou à l'initiative du ministre en charge du travail, les dispositions des conventions collectives répondant aux conditions déterminées par la présente section peuvent être rendues obligatoires pour tous les employeurs et travailleurs compris dans le champ professionnel et territorial de la convention, par arrêté du ministre en charge du travail pris après avis de la Commission Consultative du Travail et de l'Emploi.

L'extension n'est possible que si la situation économique et sociale des entreprises susceptibles d'être concernées par cette mesure permet l'application des normes conventionnelles étendues dans des conditions analogues à celles existant dans les entreprises d'ores et déjà liées par la convention.

Si, compte tenu notamment de leur chiffre d'affaires ou de leurs effectifs, cette condition n'est remplie que par une partie des entreprises, l'extension doit être limitée à cette seule catégorie. Dans ce cas, l'arrêté d'extension rendu après avis motivé de la Commission Consultative du Travail et de l'Emploi indique les catégories d'entreprises soumises à l'extension.

Après avis motivé de la Commission Consultative du Travail et de l'Emploi, le ministre en charge du travail peut, en outre, extraire des effets de l'extension, sans en modifier l'économie, les clauses qui ne répondraient pas à la situation de la ou des branches d'activité dans le champ d'application considéré.

Après avis motivé de la Commission Consultative du Travail et de l'Emploi, le ministre en charge du travail doit exclure de l'extension les dispositions qui seraient en contradiction avec les textes législatifs ou réglementaires en vigueur.

Article 246: Des conventions collectives conclues dans les conditions prévues à l'article 242 et ne portant que sur un ou plusieurs points déterminés, peuvent également être étendues, après avis favorable de la Commission Consultative du Travail et de l'Emploi.

Article 247: L'extension des effets et des sanctions de la convention collective se fait pour la durée et aux conditions prévues par ladite convention.

L'arrêté d'extension cesse de produire effet lorsque la convention collective cesse d'être en vigueur entre les parties par suite de sa dénonciation ou de son non-renouvellement.

Le ministre en charge du travail peut, après avis motivé de la Commission Consultative du Travail et de l'Emploi, à la demande de l'une des parties signataires ou de sa propre initiative, rapporter l'arrêté en vue de mettre fin à l'extension de la convention collective, ou de certaines de ses dispositions, lorsqu'il apparaît que la convention ou les dispositions considérées ne répondent plus à la situation de la ou des branches d'activité dans le champ territorial considéré.

Article 248: Un arrêté du ministre en charge du travail, pris après avis de la Commission Consultative du Travail et de l'Emploi, peut, à défaut ou en attendant l'établissement d'une convention collective, réglementer les conditions du travail pour une profession déterminée en s'inspirant des conventions collectives en vigueur.

Article 249 : Tout arrêté d'extension ou de retrait d'extension doit être précédé d'une consultation des organisations professionnelles et de toutes personnes intéressées qui doivent faire connaître leurs observations dans un délai de quinze (15) jours.

Un décret détermine les modalités de cette consultation. L'arrêté portant extension des salaires est dispensé de cette consultation.

Section 3   Des accords d'entreprise et d'établissement

Article 250 : Des accords concernant une ou plusieurs entreprises ou un ou plusieurs établissements déterminés peuvent être conclus entre d'une part, un employeur ou un groupement d'employeurs et d'autre part, des représentants des syndicats les plus représentatifs du personnel des entreprises ou établissements intéressés.

Article 251 : Les accords d'entreprise ou d'établissement ont pour objet d'adapter aux conditions particulières des entreprises ou établissements considérés, les dispositions des conventions collectives nationales, régionales ou locales, et notamment les conditions d'attribution et le mode de calcul de la rémunération au rendement, des primes à la production individuelle et collective et des primes à la productivité. Ils peuvent prévoir des dispositions nouvelles et des clauses plus favorables aux travailleurs.

Les dispositions des articles 234 à 241 s'appliquent aux accords prévus au présent article.

Section 4 Des conventions collectives dans les services, entreprises et établissements publics

Article 252 : Lorsque le personnel des services, entreprises et établissements publics n'est pas soumis à un statut législatif ou réglementaire particulier, des conventions collectives peuvent être conclues conformément aux dispositions du présent chapitre.

La liste des personnes morales de droit public employant du personnel soumis à statut est établie par décret.

Article 253 : Lorsqu'une convention collective fait l'objet d'un arrêté portant extension pris en application de l'article 245 ou de l'article 246, elle est, en l'absence de dispositions contraires, applicable aux services, entreprises et établissements publics visés par la présente section qui, en raison de leur nature et de leur activité, se trouvent placés dans son champ d'application.

Section 5 De l'exécution des conventions collectives

Article 254 : Les groupements de travailleurs ou d'employeurs liés par une convention collective ou un accord prévu à l'article 251 ci-dessus, sont tenus de ne rien faire qui soit de nature à en compromettre la loyale exécution. Ils ne sont garants de cette exécution que dans la mesure déterminée par la convention.

Article 255 : Les groupements capables d'ester en justice, liés par une convention collective de travail ou un accord prévu à l'article 251 ci-dessus, peuvent en leur nom propre intenter une action en dommages et intérêts à l'encontre de tous autres groupements, de leurs propres membres ou de toutes personnes liées par la convention ou l'accord qui violeraient les engagements contractés.

Article 256 : Les personnes liées par une convention collective ou un accord prévu à l'article 251 ci-dessus peuvent intenter une action en dommages et intérêts à l'encontre des autres personnes ou des groupements liés par la convention qui violeraient à leur égard les engagements contractés.

Article 257 : Les groupements capables d'ester en justice qui sont liés par une convention collective ou un accord prévu à l'article 251 ci-dessus peuvent exercer toutes les actions qui naissent de cette convention ou de cet accord en faveur de leurs membres, sans avoir à justifier d'un mandat de l'intéressé, pourvu que celui-ci ait été averti et n'ait pas déclaré s'y opposer.

L'intéressé peut toujours intervenir à l'instance engagée par le groupement.

Lorsqu'une action née de la convention collective ou de l'accord est intentée soit par une personne soit par un groupement, tout groupement capable d'ester en justice, dont les membres sont liés par la convention ou l'accord, peut toujours intervenir à l'instance engagée à raison de l'intérêt collectif que la solution du litige peut présenter pour ses membres.

TITRE V

DES INSTANCES RELATIVES AU TRAVAIL ET DU CONTRÔLE

TITRE V
DES INSTANCES RELATIVES AU TRAVAIL ET DU CONTRÔLE

Chapitre I   Des instances relatives au travail

Section 1   De l'Administration du Travail

Article 258 : L'administration du travail regroupe l'ensemble des organes de l'administration publique chargée des questions de travail.

L'administration du travail :

- élabore les règlements relevant de sa compétence ;

- veille à l'application des dispositions édictées en matière de travail, de sécurité sociale, de sécurité et santé au travail ;

- éclaire de ses conseils et de ses recommandations les employeurs et les travailleurs ;

- coordonne et contrôle les services et organismes concourant à l'application de la législation sociale ;

- procède à toutes études et enquêtes ayant trait aux différents problèmes sociaux, à l'exclusion de ceux qui relèvent des services techniques avec lesquels l'administration du travail peut toutefois être appelée à collaborer ;

- porte à la connaissance de l'autorité compétente les déficiences ou abus qui ne seraient pas spécifiquement couverts par les dispositions légales ou réglementaires existantes.

L'administration du travail comprend des services centraux, des services déconcentrés et des établissements sous tutelle.

L'organisation des services de l'administration du travail, ainsi que les attributions de leurs responsables sont fixées par voie réglementaire.

Section 2 Des organismes consultatifs

Article 259 : Une Commission Consultative du Travail et de l'Emploi est instituée auprès du ministre en charge du travail. Elle est présidée par le ministre du travail ou son représentant.

La Commission Consultative du Travail et de l'Emploi est composée en nombre égal d'employeurs et de travailleurs respectivement désignés, un mandat de trois (3) ans renouvelable par les organisations d'employeurs et de travailleurs les plus représentatives, ou par le ministre en charge du travail à défaut d'organisations pouvant être considérée comme représentatives en application de l'article 185 ci-dessus.

À la demande du président ou de la majorité des membres de la commission, peuvent être convoqués, à titre consultatif, des fonctionnaires qualifiés ou des personnalités compétentes en matière économique, médicale, sociale et ethnographique.

Un décret fixe les conditions de désignation et le nombre des représentants des employeurs et des travailleurs, ainsi que le montant des indemnités qui leur sont allouées. Il détermine également les modalités de fonctionnement de la commission.

Article 260 : Outre les cas pour lesquels son avis est obligatoirement requis en vertu du présent Code, la Commission Consultative du Travail et de l'Emploi peut être consultée sur toutes les questions relatives au travail et à l'emploi.

Elle peut, à la demande du ministre en charge du travail :

1) examiner toute difficulté née à l'occasion de la négociation des conventions collectives ;

2) se prononcer sur toutes les questions relatives à la conclusion et l'application des conventions collectives et notamment sur leurs incidences économiques et sociales.

Lorsque la Commission Consultative du Travail et de l'Emploi est saisie d'une des questions portant sur les deux (2) points qui précèdent, elle s'adjoint obligatoirement un représentant du ou des ministères concernés, un magistrat et un inspecteur du travail.

Elle peut s'adjoindre également, à titre consultatif, des fonctionnaires ou personnalités compétentes tels qu'il est prévu à l'alinéa 3 de l'article précédent.

Elle est chargée d'étudier les éléments pouvant servir de base à la détermination du salaire minimum, de l'étude du minimum vital et des conditions économiques générales.

Elle peut demander aux administrations compétentes, par l'intermédiaire de son président, tous documents ou toutes informations utiles à l'accomplissement de sa mission.

Article 261: Il est institué auprès du ministre en charge du travail un Comité Technique Consultatif de Sécurité et Santé au Travail pour l'étude des questions intéressant la santé et la sécurité des travailleurs.

Un décret fixe la composition et le fonctionnement de ce comité présidé par le ministre en charge du travail, ou son représentant.

Section 3　Du Service public de l'emploi

Article 262: Il est institué un service public de l'emploi placé sous la tutelle et le contrôle permanent du ministre en charge de l'emploi. Ce service est assuré par un organisme public associant des représentants des syndicats les plus représentatifs de travailleurs et d'employeurs.

Concurremment avec des agences privées le cas échéant, et sans préjudice du droit des employeurs de recruter directement leurs salariés, il est habilité à effectuer le placement des travailleurs.

Article 263: Le service public de l'emploi est en outre chargé:

TITRE V
DES INSTANCES RELATIVES AU TRAVAIL ET DU CONTRÔLE

- des opérations d'introduction et de rapatriement de main-d'œuvre;

- du transfert, dans le cadre de la réglementation en vigueur, des économies des travailleurs dépaysés;

- de l'enregistrement des déclarations relatives à l'emploi des travailleurs et de l'établissement de leurs cartes de travail;

- du rassemblement d'une documentation permanente sur les offres et les demandes d'emploi et, en général, de toutes les questions relatives à l'utilisation et à la répartition de la main-d'œuvre, notamment du suivi de l'évolution du marché du travail et de l'élaboration d'un fichier statistique;

- de la contribution à l'élaboration et à la mise en œuvre de la politique nationale de l'emploi, notamment par l'exécution des programmes d'insertion et de réinsertion des demandeurs d'emploi, de leur orientation et des actions tendant à la promotion de l'emploi;

- de mettre à la disposition de l'Observatoire National de l'Emploi et de la Formation Professionnelle toutes les données permettant l'élaboration d'un ficher statistique sur le suivi de l'évolution du marché de l'emploi.

Article 264 : Les opérations du service public de l'emploi sont gratuites en matière de placement.

Sous peine des sanctions disciplinaires et/ou pénales prévues par les textes en vigueur, il est interdit d'offrir et de remettre à toute personne faisant partie du service, et à celle-ci de l'accepter, une rétribution sous quelque forme que ce soit pour une opération de placement ou d'immatriculation d'un demandeur d'emploi.

Toutefois, l'établissement de la carte de travail donne droit au paiement par l'employeur d'un droit au profit du service public de l'emploi. Le montant de ce droit est fixé par voie réglementaire.

Article 265: En cas de cessation concertée du travail, les opérations du service public de l'emploi concernant les entreprises touchées par cette cessation de travail sont immédiatement interrompues.

La liste de ces entreprises est, en outre, affichée dans la salle réservée aux demandeurs et aux offreurs d'emplois.

Article 266: Un décret pris en Conseil des Ministres après avis de la Commission Consultative du Travail et de l'Emploi, détermine les modalités d'application du présent chapitre, en particulier la composition et le fonctionnement du service public de l'emploi.

TITRE V
DES INSTANCES RELATIVES AU TRAVAIL ET DU CONTRÔLE

Chapitre II Du contrôle

Article 267 : Le contrôle de l'application de la législation et de la réglementation du travail est assuré par les inspecteurs du travail et les contrôleurs du travail.

Article 268 : Les inspecteurs du travail ont l'initiative de leurs tournées et de leurs enquêtes dans le cadre de la législation du travail en vigueur.

Les inspecteurs du travail relèvent du ministre chargé du travail avec lequel ils correspondent directement.

Les inspections du travail disposent en permanence des moyens en personnel et matériel qui sont nécessaires à leur fonctionnement.

Article 269 : Les fonctions d'inspecteur du travail sont assurées par des agents appartenant à un cadre de la fonction publique de l'État.

Le personnel relevant de ce cadre est composé de personnes ayant la formation requise et qualifiées pour exercer leurs fonctions.

Article 270 : Les inspecteurs du travail sont affectés soit dans les services centraux du ministère en charge du travail, soit dans les services extérieurs de l'administration du travail.

Article 271 : Les inspecteurs du travail prêtent devant le Tribunal de Grande Instance le serment suivant :

« Je jure de remplir les devoirs de ma charge avec dévouement, assiduité et intégrité et de ne pas révéler, même après avoir quitté le service, les secrets et toutes autres informations confidentielles concernant les travailleurs et les employeurs dont j'aurais pu avoir connaissance dans l'exercice de mes fonctions ».

Toute violation de ce serment est punie conformément à l'article 221 du Code pénal.

Les inspecteurs du travail doivent tenir pour confidentielle toute plainte leur signalant un défaut dans l'installation ou une infraction aux dispositions légales et réglementaires.

Article 272 : Les inspecteurs du travail ne peuvent avoir un intérêt quelconque, direct ou indirect, dans les entreprises placées sous leur contrôle.

Article 273 : Les inspecteurs du travail peuvent constater, par procès-verbal faisant foi jusqu'à preuve du contraire, les infractions aux dispositions de la législation et de la réglementation du travail. Ils sont habilités à saisir les autorités judiciaires compétentes qui doivent les tenir informés des suites données.

Tout procès-verbal est dressé en quatre (4) exemplaires dont l'un est remis à la partie intéressée ou à ses représentants. Un deuxième exemplaire du procès-verbal est déposé au Parquet, le troisième est adressé au ministre en charge du travail, le quatrième est classé dans les archives de l'inspection du Travail.

Un décret pris en Conseil des Ministres, après avis de la Commission Consultative du Travail et de l'Emploi, détermine les conditions dans lesquelles les inspecteurs du travail peuvent être habilités à fixer et à percevoir au profit du Trésor public des amendes de simple police.

En tout état de cause, l'employeur doit pouvoir s'opposer à cette procédure et demander que le procès-verbal relatif à l'infraction constatée soit transmis aux autorités judiciaires selon les procédures de droit commun.

Article 274 : Munis des pièces justificatives de leurs fonctions, les inspecteurs du travail ont le pouvoir de :

1) pénétrer librement et sans avertissement préalable, à toute heure du jour et de la nuit, dans les établissements assujettis au contrôle de l'inspection où ils peuvent avoir un motif raisonnable de supposer que sont occupées des personnes jouissant de la protection légale, et de les inspecter ; à moins qu'ils n'estiment qu'un tel avis risque de porter préjudice à l'efficacité du contrôle, ils doivent prévenir, au début de leur inspection, le chef d'entreprise ou le chef d'établissement ou son suppléant qui peut alors les accompagner au cours de leur visite ;

2) requérir, si besoin est, les avis et les consultations de médecins et techniciens notamment en ce qui concerne les

prescriptions d'hygiène et de sécurité; ces médecins et techniciens sont tenus au secret professionnel dans les mêmes conditions et sous les mêmes sanctions que les inspecteurs du travail;

3) se faire accompagner, dans leurs visites, d'interprètes officiels assermentés et des délégués du personnel de l'entreprise visitée, ainsi que des médecins et techniciens visés au paragraphe 2) ci-dessus;

4) procéder à tous examens, contrôles ou enquêtes jugés nécessaires pour s'assurer que les dispositions applicables sont effectivement observées et notamment:

a) interroger, avec ou sans témoin, l'employeur ou le personnel de l'entreprise, contrôler leur identité, demander des renseignements à toute autre personne dont le témoignage peut sembler nécessaire;

b) requérir la production de tout registre ou document dont la tenue est prescrite par la présente loi et par les textes pris pour son application;

c) prélever et emporter aux fins d'analyse, en présence du chef d'entreprise ou du chef d'établissement ou de son suppléant et contre reçu, des échantillons des substances et matières utilisées ou manipulées;

5) exiger l'affichage, dans l'entreprise, de tous les avis et informations dont l'apposition est prévue par les dispositions légales et réglementaires.

Les frais résultant de ces réquisitions, expertises et enquêtes sont supportés par le budget de l'État.

Article 275 : Lorsqu'il constate des violations graves aux prescriptions d'ordre public de la législation du travail, l'inspecteur du travail enjoint à l'employeur de prendre des mesures diligentes propres à faire cesser ces violations ; en cas de refus, il doit en référer au ministre en charge du travail qui décide des sanctions appropriées.

Article 276 : Les autorités chargées du maintien de l'ordre sont tenues de prêter main forte, à leur demande, aux inspecteurs du travail, aux inspecteurs adjoints, aux contrôleurs et aux contrôleurs adjoints du travail, de la main-d'œuvre et de la sécurité sociale dans l'accomplissement de leur mission, sur présentation de leur carte personnelle de service.

Article 277 : Des contrôleurs du Travail assistent les inspecteurs du travail dans le fonctionnement des services. Ils sont habilités à constater les infractions aux dispositions de la législation et de la réglementation du travail par procès-verbal faisant foi jusqu'à preuve du contraire établi conformément aux dispositions de l'article 273 alinéas 2 et 3. Ils adressent le procès-verbal à l'inspecteur du travail du ressort qui le transmet à l'autorité judiciaire compétente.

Les contrôleurs du Travail prêtent le serment visé à l'article 271 du présent Code.

Article 278: Les fonctions de contrôleurs du Travail sont assurées par des agents appartenant à un cadre de la fonction publique de l'État.

Article 279: Des médecins inspecteurs du Travail peuvent être nommés dans les services de l'inspection du Travail. Leurs attributions sont déterminées par décret.

Article 280: Dans les mines, minières et carrières, ainsi que dans les établissements et chantiers où les travaux sont soumis au contrôle d'un service technique, les fonctionnaires chargés de ce contrôle veillent à ce que les installations relevant de leur contrôle technique soient aménagées en vue de garantir la sécurité des travailleurs.

Ils assurent l'application des règlements spéciaux qui peuvent être pris en ce domaine et disposent à cet effet, et dans cette limite, des pouvoirs des inspecteurs du travail. Ils portent à la connaissance de l'inspecteur du travail les mesures qu'ils ont prescrites et, le cas échéant, les mises en demeure signifiées.

L'inspecteur du travail peut, à tout moment, demander et effectuer avec les fonctionnaires visés au paragraphe précédent la visite des mines, minières, carrières, établissements et chantiers soumis à un contrôle technique.

Article 281: Dans les parties d'établissements ou les établissements militaires employant de la main-d'œuvre civile et dans lesquels l'intérêt de la défense nationale s'oppose à l'introduction d'agents étrangers au service, le contrôle de l'exécution des dispositions applicables en matière de travail est assuré par des fonctionnaires ou officiers désignés à cet effet sur proposition de l'autorité militaire compétente.

La nomenclature de ces parties d'établissements ou établissements est dressée par décret pris en Conseil des Ministres, sur proposition de l'autorité militaire compétente.

Article 282 : En cas d'absence ou d'empêchement de l'inspecteur ou du contrôleur du Travail, le chef de la circonscription administrative est leur suppléant légal. Il est habilité dans les conditions définies à l'article 277, alinéa premier.

Article 283 : Les dispositions des articles 271, 273 et 274 du présent chapitre ne portent pas atteinte aux règles du droit commun quant à la constatation et à la poursuite des infractions par les officiers de police judiciaire.

TITRE VI

DES OBLIGATIONS DES EMPLOYEURS

TITRE VI
DES OBLIGATIONS DES EMPLOYEURS

Article 284 : Toute personne qui se propose d'ouvrir une entreprise de quelque nature que ce soit doit, au préalable, en faire la déclaration à l'inspection du Travail du ressort.

Des décrets pris au Conseil des Ministres après avis de la Commission Consultative du Travail et de l'Emploi :

- déterminent les modalités de cette déclaration ;

- fixent le délai dans lequel les entreprises existantes doivent effectuer cette déclaration ;

- prescrivent, s'il y a lieu, la production de renseignements périodiques sur la situation de la main-d'œuvre.

Article 285 : L'employeur doit tenir constamment à jour, au lieu de l'exploitation, un registre dit "registre d'employeur", dont le modèle est fixé par décret pris en Conseil des Ministres, après avis de la Commission Consultative du Travail et de l'Emploi. Ce registre comprend trois (3) parties :

- la première comprend les renseignements concernant les personnes et le contrat de tous les travailleurs occupés dans l'entreprise ;

- la deuxième comprend toutes les indications concernant le

travail effectué, le salaire et les congés;

- la troisième est réservée aux visas, mises en demeure et observations apposées par l'inspecteur du travail ou son délégué.

Le registre d'employeur doit être tenu sans déplacement à la disposition de l'inspecteur du travail et conservé pendant les cinq (5) ans suivant la dernière mention qui y a été portée.

Certaines entreprises ou catégories d'entreprises peuvent être exemptées de l'obligation de tenir un registre en raison de leur situation, de leur faible importance ou de la nature de leur activité, par décret pris en Conseil des Ministres, après avis de la Commission Consultative du Travail et de l'Emploi. Ce décret détermine également les conditions dans lesquelles la première et la deuxième partie du registre peuvent être tenues sous une forme informatisée.

Article 286 : La déclaration prévue à l'article 13 du présent Code mentionne le nom et l'adresse de l'employeur, la nature de l'entreprise, tous les renseignements utiles sur l'état civil et l'identité du travailleur, sa profession, les emplois qu'il a précédemment occupés, éventuellement le lieu de sa résidence d'origine et la date d'entrée au Niger, la date d'embauche et le nom du précédent employeur.

Dans tous les cas où le présent Code prescrit la rédaction d'un contrat de travail écrit, une copie du contrat conclu est obligatoirement jointe à la déclaration.

TITRE VI
DES OBLIGATIONS DES EMPLOYEURS

Tout travailleur quittant une entreprise doit faire l'objet d'une déclaration établie dans les mêmes conditions, mentionnant la date du départ de l'entreprise.

Des décrets pris en Conseil des Ministres après avis de la Commission Consultative du Travail et de l'Emploi déterminent les modalités de ces déclarations, les modifications dans la situation du travailleur qui doivent faire l'objet d'une déclaration supplémentaire et les catégories professionnelles pour lesquelles l'employeur est provisoirement dispensé de déclaration.

Dans ce dernier cas, une déclaration doit néanmoins être enregistrée sur demande et indications du travailleur. Le travailleur ou, avec son assentiment, le délégué du personnel peut prendre connaissance des déclarations prévues au présent article.

Article 287 : Il est remis par le service public de l'emploi une carte de travail à tout travailleur ayant fait l'objet des déclarations prévues à l'article précédent. Cette carte mentionne l'état civil et la profession exercée par le travailleur. La photographie de l'intéressé figure sur la carte.

TITRE VII

DES DIFFÉRENDS DE TRAVAIL

TITRE VII
DES DIFFÉRENDS DE TRAVAIL

Article 288 : Les différends individuels ou collectifs du travail sont soumis aux procédures instituées au présent titre.

Chapitre I   Des différends individuels

Section 1   Des juridictions du travail

Article 289 : Les tribunaux du travail connaissent :

1. des différends pouvant s'élever à l'occasion de l'exécution du contrat de travail et du contrat d'apprentissage entre les travailleurs ou apprentis et leurs employeurs ou maîtres ;

2. des différends entre travailleurs ou apprentis, employeurs ou maîtres à l'occasion des contrats de travail ou d'apprentissage ;

3. des différends relatifs aux conventions collectives et arrêtés en tenant lieu ;

4. des différends ayant pour origine l'application de la

réglementation sur les accidents du travail et sécurité et santé au travail.

Article 290 : Les tribunaux du travail demeurent compétents lors même qu'une collectivité ou un établissement public est en cause et peuvent statuer sans qu'il y ait lieu, pour les parties, d'observer, dans le cas où il en existe, les formalités préalables qui sont prescrites avant qu'un procès puisse être intenté à ces personnes morales.

Article 291 : Le tribunal compétent est celui du lieu de travail. Toutefois, pour les litiges nés de la résiliation du contrat de travail et nonobstant toute attribution conventionnelle de juridiction, le travailleur dont la résidence habituelle est située au Niger, en un lieu autre que le lieu de travail, a le choix entre le tribunal de cette résidence et celui du lieu de travail.

Pour les litiges ayant pour origine l'application de la réglementation sur les accidents du travail, le tribunal compétent est celui du lieu de l'accident ; lorsque l'accident s'est produit en territoire étranger, le tribunal compétent est celui de la circonscription où est installé l'établissement auquel appartient la victime.

Article 292 : Les tribunaux du travail dépendent administrativement du ministre de la Justice.

Article 293 : Les tribunaux du Travail sont composés :

1. d'un magistrat professionnel, président ;

2. d'un assesseur employeur et d'un assesseur travailleur choisis parmi ceux figurant sur les listes établies conformément à l'article 294 ci-après.

Pour chaque affaire, le président désigne, autant que possible, des assesseurs employeur et travailleur appartenant à la catégorie intéressée.

Les tribunaux du Travail sont subdivisés en sections professionnelles lorsque la structure du marché du travail le justifie.

Les assesseurs titulaires sont remplacés, en cas d'empêchement, par des assesseurs suppléants dont le nombre est égal à celui des titulaires.

Un agent administratif désigné par le ministre de la Justice est attaché au tribunal en qualité de secrétaire.

Article 294 : Les assesseurs sont nommés par arrêté du ministre en charge du travail. Ils sont choisis sur les listes présentées par les organisations syndicales les plus représentatives ou, en cas de carence de celles-ci, par l'inspection du travail et comportant un nombre de noms double de celui des postes à pourvoir.

Le mandat des assesseurs est de trois (3) ans; il est renouvelable. Les assesseurs et leurs suppléants doivent être en possession de leurs droits civiques et politiques.

Sont déchus de leur mandat, les assesseurs qui ne satisfont pas aux conditions ci-dessus précisées.

Article 295 : Tout assesseur qui manque gravement à ses

devoirs dans l'exercice de ses fonctions est appelé devant le tribunal du Travail pour s'expliquer sur les faits qui lui sont reprochés. L'initiative de cet appel appartient au président du tribunal du travail et au procureur de la République.

Dans le délai de quinze (15) jours à compter de la date de la convocation, le procès-verbal de la séance de comparution est adressé par le président du tribunal du travail au procureur de la République.

Ce procès-verbal est transmis par le procureur de la République, avec son avis, au procureur général, lequel le fait parvenir au ministre de la Justice.

Par arrêté motivé du ministre de la Justice, les peines suivantes peuvent être prononcées:

- la censure;

- la suspension pour un temps qui ne peut excéder six (6) mois;

- la déchéance.

Tout assesseur dont la déchéance a été prononcée ne peut être désigné à nouveau aux mêmes fonctions.

Article 296: Les assesseurs prêtent, devant le tribunal du ressort, le serment suivant:

« *Je jure de remplir mes devoirs avec dévouement, conscience professionnelle, assiduité et intégrité, et de garder toujours le secret des délibérations* ».

TITRE VII
DES DIFFÉRENDS DE TRAVAIL

Article 297 : Les fonctions d'assesseur des tribunaux du travail sont gratuites. Toutefois, peuvent être allouées aux assesseurs des indemnités de séjour et de déplacement dont le montant ne peut être inférieur au montant des salaires et indemnités perdus. Ce montant est fixé par décret.

Le licenciement des assesseurs travailleurs est soumis aux règles prévues aux articles 227 et 228 du présent Code.

Article 298 : La procédure devant les tribunaux du travail et devant la cour d'appel est gratuite. En outre, le travailleur bénéficie d'office de l'assistance judiciaire pour l'exécution des jugements rendus à son profit.

Lorsque le jugement est exécutoire et que le travailleur gagnant ne peut obtenir l'exécution amiable de la décision intervenue, il demande au président de faire apposer la formule exécutoire sur la copie qui lui a été délivrée et de commettre un huissier pour poursuivre l'exécution forcée.

Article 299 : Dans les deux (2) jours à dater de la réception de la demande, dimanche et jours fériés non compris, le président cite les parties à comparaître dans un délai qui ne peut excéder douze (12) jours, majoré s'il y a lieu des délais de distance fixés dans les conditions prévues à l'article 316.

La citation doit contenir les noms et profession du demandeur, l'indication de l'objet de la demande, l'heure et le jour de la comparution.

La citation est faite à personne ou domicile par agent administratif spécialement commis à cet effet. Elle peut valablement être faite par lettre recommandée avec accusé de réception. En cas d'urgence, elle peut être faite par voie télégraphique.

Article 300 : Les parties sont tenues de se rendre au jour et à l'heure fixés devant le tribunal du travail. Elles peuvent se faire assister ou représenter soit par un avocat-défenseur, soit encore par un représentant des organisations syndicales auxquelles elles sont affiliées.

Les employeurs peuvent, en outre, être représentés par un directeur ou un employé de l'entreprise ou de l'établissement.

Sauf en ce qui concerne les avocats, le mandataire des parties doit être constitué par écrit et muni d'un pouvoir spécial.

Article 301 : Lorsqu'au jour fixé par la convocation, le demandeur ne comparaît pas et ne justifie pas d'un cas de force majeure, la cause est rayée du rôle ; elle ne peut être reprise qu'une seule fois et selon les formes imparties pour la demande primitive de déchéance.

Si le défendeur ne comparaît pas et ne justifie pas d'un cas de force majeure, s'il n'a pas présenté ses moyens sous forme de mémoire, défaut est donné contre lui et le tribunal statue sur le mérite de la demande.

Article 302 : L'audience est publique sauf au stade de la conciliation. La police de la salle d'audience appartient au président. Celui-ci dirige les débats, interroge et confronte les parties, fait comparaître les témoins cités à la diligence des parties dans les formes prévues à l'article 299 ci-dessus. Le tribunal peut, d'office, faire citer dans les mêmes formes toute personne dont il estime la déposition utile au règlement du litige.

Dans les cas urgents dont il est juge, le tribunal peut ordonner par provision telles mesures nécessaires, notamment pour empêcher que les objets qui donnent lieu à une réclamation ne soient enlevés, ni déplacés, ni détériorés.

Le témoin non comparant dont la déposition est déclarée nécessaire par le président est cité à nouveau par un agent administratif désigné à cet effet ; la citation doit porter, à peine de nullité, mention qu'avis a été donné au témoin qu'en cas de non-comparution il sera décerné contre lui mandat d'amener et qu'il encourra, en outre, une amende civile de cinquante mille (50 000) francs.

Si, au jour dit, le témoin ne comparaît pas, le tribunal le condamne à l'amende et décerne contre lui mandat d'amener.

Le témoin comparant qui refuse de déposer est considéré comme défaillant. Le témoin défaillant peut être déchargé de l'amende s'il justifie qu'il n'a pu se présenter au jour fixé.

Article 303 : La femme mariée est autorisée à se concilier, à demander, à défendre devant le tribunal du travail.

Les mineurs qui ne peuvent être assistés de leur père ou tuteur peuvent être autorisés par le tribunal à se concilier, demander ou défendre.

Article 304: Les assesseurs du tribunal du travail peuvent être récusés:

- quand ils ont un intérêt personnel à la contestation;
- quand ils sont parents ou alliés de l'une ou l'autre des parties jusqu'au sixième degré;
- si, dans l'année qui a précédé la récusation, il y a eu procès pénal ou civil entre eux et l'une des parties ou son conjoint ou allié en ligne directe;
- s'ils ont donné un avis écrit sur la contestation;
- s'ils sont employeurs ou travailleurs de l'une des parties en cause.

La récusation est formée avant tout débat. Le président statue immédiatement. Si la demande est rejetée, il est passé outre au débat; si elle est admise, l'affaire est renvoyée à la prochaine audience où doivent siéger le ou les assesseurs suppléants.

Article 305: Lorsque les parties comparaissent devant le tribunal du travail, il est procédé à une tentative de conciliation.

En cas d'accord, un procès-verbal rédigé séance tenante sur le registre des délibérations du tribunal consacre le règlement amiable du litige.

Un extrait du procès-verbal de conciliation signé du président et du secrétaire vaut titre exécutoire.

Article 306 : En cas de conciliation partielle, un extrait du procès-verbal signé du président et du secrétaire vaut titre exécutoire pour les parties sur lesquelles un accord est intervenu et procès-verbal de non-conciliation pour le surplus de la demande.

Article 307 : En cas de non-conciliation ou pour la partie contestée de la demande, le tribunal du travail doit retenir l'affaire ; il procède immédiatement à son examen. Le renvoi ne peut être prononcé que pour un motif valable, par décision motivée du tribunal.

Le tribunal peut toujours, par jugement motivé, prescrire toutes enquêtes, descentes sur les lieux et toutes mesures d'information quelconque, y compris la comparution personnelle des parties, ainsi que tous constats ou expertises.

Les agents du service du travail ne peuvent être commis en qualité d'experts par le tribunal du Travail.

Article 308 : Les débats clos, le tribunal met l'affaire en délibéré, lequel ne peut excéder la date de la prochaine audience et, au plus tard, la date d'expiration d'un délai non renouvelable de deux (2) semaines. Le jugement doit être motivé.

Les jugements des tribunaux du travail sont rendus à la majorité.

Article 309 : Les minutes du jugement sont signées par le président et le secrétaire. Elles sont conservées et reliées chaque année à la diligence du président.

Article 310: Le jugement peut ordonner l'exécution provisoire, avec ou sans caution, nonobstant opposition ou appel.

Copie du jugement, signée par le président et le secrétaire, doit être remise aux parties sur demande. Mention de cette délivrance, de sa date et de son heure est faite par le secrétaire en marge de la minute du jugement.

Article 311: En cas de jugement par défaut, signification du jugement est faite, dans les formes de l'article 299, sans frais, à la partie défaillante, par le secrétaire du tribunal ou par un agent administratif commis spécialement à cet effet par le président.

Si, dans un délai de dix (10) jours après la signification, plus les délais de distance, le défaillant ne fait pas opposition au jugement, par déclaration orale ou écrite devant le secrétaire du tribunal du Travail, le jugement est exécutoire.

En cas d'opposition, le président convoque à nouveau les parties, comme précisé à l'article 299; le nouveau jugement, nonobstant tout défaut ou appel, est exécutoire.

Article 312: Le tribunal du travail statue en premier et dernier ressort, sauf du chef de la compétence, lorsque le chiffre de la demande n'excède pas cent mille (100 000) francs. Au-dessus de cent mille francs, les jugements sont susceptibles d'appel devant la Cour d'appel.

Article 313: Le tribunal du travail connaît de toutes les demandes reconventionnelles ou en compensation qui, par leur nature, rentrent dans sa compétence. Lorsque chacune des demandes principales reconventionnelles ou en compensation est dans les limites de sa compétence en dernier ressort, il se prononce sans qu'il y ait lieu à appel.

Si l'une de ces demandes n'est susceptible d'être jugée qu'à charge d'appel, le tribunal ne se prononce, sur toutes, qu'à charge d'appel. Néanmoins, il statue en dernier ressort si seule la demande reconventionnelle en dommages-intérêts, fondée exclusivement sur la demande principale, dépasse sa compétence en dernier ressort.

Il statue également sans appel, en cas de défaut du défendeur, si seules les demandes reconventionnelles formées par celui-ci dépassent le taux de sa compétence en dernier ressort, quels que soient la nature et le montant de ces demandes.

Si une demande reconventionnelle est reconnue formée uniquement en vue de rendre le jugement susceptible d'appel, l'auteur de cette demande peut être condamné à des dommages et intérêts envers l'autre partie, même au cas où, en appel, le jugement en premier ressort n'a été confirmé que partiellement.

Article 314 : Dans les quinze (15) jours du prononcé du jugement, appel peut être interjeté par déclaration orale ou écrite devant le secrétaire du tribunal du travail. L'appelant doit être avisé par le secrétaire de son droit de demander à être entendu en appel ou représenté et il est fait mention de cette interpellation et de la réponse faite au bas de la déclaration d'appel.

Le secrétaire avise immédiatement, dans les formes prévues à l'article 299, les parties intéressées de l'appel interjeté et les avise de ce qu'elles peuvent, dans un délai de quinze (15) jours, déposer au secrétariat un mémoire en appel et demander à être entendues ou représentées devant la Cour d'appel.

À l'expiration de ce délai, l'appel est transmis au greffe de la cour avec une expédition du jugement, ainsi que les lettres, mémoires et documents déposés par les parties, à l'inspection du travail ou en première instance.

La représentation des parties obéit aux règles fixées par l'article 300. Lorsque les parties n'ont pas déclaré vouloir être entendues ou représentées, l'appel est jugé sur pièces dans un délai qui ne peut excéder trois (3) mois à compter de la transmission d'appel à la cour.

Lorsqu'elle constate le caractère dilatoire de l'appel, la cour doit prononcer une amende civile de cent mille (100 000) à un million (1 000 000) de francs contre l'appelant.

Article 315: La Cour de Cassation connaît des recours en cassation contre les jugements rendus en dernier ressort et contre les arrêts de la Cour d'appel.

Article 316: Des décrets déterminent les modalités d'application du présent chapitre, notamment la contexture des registres et les délais de distance.

Section 2 De la conciliation

Article 317 : L'inspecteur du travail, saisi d'une demande de conciliation, convoque les parties dans les soixante douze (72) heures qui suivent la date de réception de la requête.

Les parties ou leurs représentants sont tenues de répondre à la convocation de l'inspecteur du travail.

Le défaut de comparution de l'une des parties, sauf cas de force majeure, est passible des pénalités prévues à l'article 359 du présent Code.

Article 318 : L'inspecteur du travail vérifie si les parties sont disposées à se concilier sur la base des normes fixées par la loi, la réglementation ou les conventions collectives et le contrat individuel.

En cas de conciliation, la formule exécutoire peut être apposée par ordonnance du président du tribunal du Travail prise à la requête de la partie la plus diligente sur le procès-verbal de conciliation établi par l'inspecteur du travail, son délégué ou son suppléant légal.

L'exécution est poursuivie comme celle d'un jugement du tribunal du Travail.

Le président du tribunal compétent est celui dans le ressort duquel le procès-verbal de conciliation a été signé.

Article 319: En l'absence ou en cas d'échec du règlement amiable, l'action est introduite par déclaration orale ou écrite faite au secrétaire du tribunal du travail. Inscription en est faite sur un registre tenu spécialement à cet effet; un extrait de cette inscription est délivré à la partie ayant introduit l'action.

L'inspecteur du travail qui a procédé sans succès à la tentative de conciliation prévue au présent article peut, à la demande de l'une des parties, transmettre, à toutes fins utiles, au président du tribunal du travail, ensuite saisi, le dossier complet qui a pu être constitué sur ce différend par l'inspecteur du travail.

Cette transmission peut avoir lieu également à la demande du tribunal du travail saisi de l'affaire.

Chapitre II   Des différends collectifs

Article 320 : La grève est un arrêt concerté du travail décidé par les salariés pour faire aboutir des revendications professionnelles et assurer la défense de leurs intérêts matériels ou moraux.

Tous les salariés ont le droit de se mettre en grève dans les conditions et selon la procédure prévue à la première section du présent chapitre. Ils ne peuvent être licenciés pour fait de grève qu'en cas de faute lourde.

Les travailleurs en grève perdent le bénéfice du salaire des heures pendant lesquelles ils n'auront pas travaillé, sauf décision contraire du tribunal compétent.

Article 321 : Le lock-out est la fermeture de tout ou partie d'une entreprise ou d'un établissement, décidée par l'employeur à l'occasion d'une grève des salariés de l'entreprise ou de l'établissement.

Le lock-out est prohibé et n'est exceptionnellement licite que lorsqu'il est justifié par un impératif de sécurité ou lorsque la procédure de déclenchement de la grève n'a pas été respectée.

Dans les cas exceptionnels où le lock-out est licite, il prend fin dès que les causes qui le justifient disparaissent.

Le lock-out licite entraîne la suspension du contrat de travail et dispense l'employeur de verser au salarié la rémunération habituellement due pour la période concernée.

Section 1　Des conditions de recours à la grève

Article 322: Tout différend collectif doit être immédiatement notifié par les parties à l'inspecteur du travail du ressort qui les convoque et procède à la conciliation.

L'inspecteur du travail qui a connaissance d'un différend collectif peut également s'en saisir d'office et convoquer, à cet effet, les parties pour procéder à la conciliation.

Les parties peuvent se substituer un représentant ayant qualité pour concilier. Si une partie ne comparaît pas ou ne se fait pas valablement représenter, elle est convoquée à nouveau dans un délai qui ne peut excéder deux (2) jours, sans préjudice de sa condamnation éventuelle à une amende prononcée par la juridiction compétente sur procès-verbal dressé par l'inspecteur du travail et fixée en application du titre VIII du présent Code.

Cette conciliation ne peut excéder quarante huit (48) heures, à compter de la date de comparution des parties.

Article 323 : À l'issue de la tentative de conciliation, l'inspecteur du travail dresse procès-verbal constatant soit l'accord, soit le désaccord total ou partiel des parties qui contresignent le procès-verbal et en reçoivent ampliation.

Article 324 : L'exécution de l'accord de conciliation est obligatoire. En cas de silence sur ce point, l'accord de conciliation produit effet à dater du jour de la tentative de conciliation.

Les syndicats professionnels peuvent exercer toutes les actions qui naissent d'un accord de conciliation.

L'accord de conciliation est immédiatement affiché dans les bureaux de l'inspection du travail, et au ministère en charge du travail; il peut être publié au Journal Officiel de la République du Niger.

Les minutes en sont déposées au secrétariat du tribunal du travail.

Article 325 : La procédure de conciliation est gratuite. Les frais de déplacement, pertes de salaires et traitements, notamment, sont supportés par le budget de l'État.

Article 326 : En cas de désaccord total ou partiel à l'issue de la phase de conciliation, la partie salariale qui entend poursuivre le conflit est tenue de notifier à la partie patronale un préavis de grève d'une durée minimale de trois (3) jours ouvrables.

La partie qui dépose le préavis de grève en informe dans le même temps l'inspecteur du travail. A l'expiration du préavis, les travailleurs peuvent recourir à la grève.

Section 2 De la procédure d'arbitrage

Article 327 : Dès que l'inspecteur du travail est informé du préavis de grève, et en l'absence d'une procédure conventionnelle d'arbitrage prévue en application de l'article 244, 14° du présent Code, le ministre en charge du travail peut décider de soumettre le conflit à un conseil d'arbitrage constitué à cet effet.

La saisine du conseil d'arbitrage n'est pas suspensive du recours à la grève.

Article 328 : Les membres du conseil d'arbitrage sont désignés par le ministre en charge du travail parmi des personnalités dont l'autorité morale et les compétences en matière économique et sociale les rendent particulièrement aptes au règlement du conflit.

Les fonctionnaires d'autorité en exercice ne peuvent être désignés comme arbitres. Il en est de même des personnes qui ont participé à la tentative de conciliation et de celles qui ont un intérêt direct dans le conflit.

Article 329 : Le conseil d'arbitrage ne peut statuer sur d'autres objets que ceux déterminés par le procès-verbal de non-conciliation ou ceux qui, résultant d'événements postérieurs à ce procès-verbal, sont la conséquence directe du différend en cours.

Il statue en droit dans les différends relatifs à l'interprétation

TITRE VII
DES DIFFÉRENDS DE TRAVAIL

et à l'exécution des lois, règlements, conventions collectives ou accords d'établissement en vigueur.

Il statue en équité sur les autres différends, notamment lorsque ceux-ci portent sur les salaires ou sur les conditions de travail quand celles-ci ne sont pas fixées par les dispositions des lois, règlements, conventions collectives ou accords d'établissement en vigueur, ainsi que sur les différends relatifs à la négociation et à la révision des clauses des conventions collectives.

Article 330 : Le conseil d'arbitrage a les plus larges pouvoirs pour s'informer de la situation économique des entreprises et de la situation des travailleurs intéressés par le conflit.

Il peut procéder à toutes enquêtes auprès des entreprises et des syndicats et requérir des parties la production de tout document ou renseignement d'ordre économique, comptable, financier, statistique, ou administratif susceptible de lui être utile pour l'accomplissement de sa mission. Il peut recourir aux offices d'experts et généralement de toutes personnes qualifiées susceptibles de l'éclairer.

Le conseil d'arbitrage doit se prononcer dans les quinze (15) jours. Si les circonstances l'exigent, ce délai peut être prorogé, par décision du ministre en charge du travail, d'une durée supplémentaire ne dépassant pas huit (8) jours.

Lorsque, pendant le déroulement de la procédure arbitrale, les parties au conflit parviennent à un accord, la procédure prend fin après que le conseil d'arbitrage ait constaté l'accord des parties et son contenu. En l'absence d'un tel accord, le conseil rend sa sentence qui doit être motivée.

Article 331: La sentence arbitrale est notifiée sans délai aux parties. À l'expiration d'un délai de deux (2) jours francs à compter de la notification et si aucune partie n'a manifesté son opposition, la sentence acquiert force exécutoire dans les conditions prévues à l'article 335.

À peine de nullité, l'opposition est formée par écrit et remise à l'inspecteur du travail qui en délivre récépissé.

L'exécution de la sentence arbitrale ayant acquis force exécutoire est poursuivie comme celle d'un jugement du tribunal du travail.

Article 332: L'exécution de la sentence arbitrale non frappée d'opposition est obligatoire. En cas de silence sur ce point, elle produit effet à dater du jour de la tentative de conciliation.

Les syndicats professionnels peuvent exercer toutes les actions qui naissent d'une sentence arbitrale.

La sentence arbitrale est immédiatement affichée dans les bureaux de l'inspection du travail, au ministère du travail et publiée au Journal Officiel de la République du Niger. Les minutes en sont déposées au secrétariat du tribunal du Travail.

Article 333: Les membres du conseil d'arbitrage, les personnes et experts aux offices desquels il peut être fait appel sont tenus au secret professionnel sous peines de sanctions prévues à l'article 221 du Code pénal, en ce qui concerne les informations et les documents qui leur sont communiqués, ainsi que les faits dont ils auraient eu connaissance dans l'accomplissement de leur mission.

Article 334 : La procédure de conciliation d'arbitrage est gratuite. Les frais de déplacement, pertes de salaires et traitements, notamment, sont supportés par le budget de l'État.

Article 335 : Les sentences arbitrales qui ont acquis force exécutoire peuvent faire l'objet d'un recours pour excès de pouvoir ou violation de la loi devant la chambre judiciaire de la Cour de Cassation.

Ce recours est introduit et jugé dans les délais, formes et conditions des recours en cassation en matière civile.

Quand la Cour de Cassation prononce l'annulation de tout ou partie d'une sentence arbitrale, elle renvoie l'affaire au ministre en charge du travail, à charge pour lui de désigner un autre conseil d'arbitrage différemment composé.

TITRE VIII

DES SANCTIONS

TITRE VIII
DES SANCTIONS

Article 336 : Est puni d'une amende civile de mille (1000) francs, tout assesseur du tribunal du travail qui ne se sera pas rendu à son poste sur la citation qui lui a été notifiée.

En cas de récidive, l'amende civile est de deux mille (2000) à six mille (6000) francs et le tribunal peut, en outre, le déclarer incapable d'exercer, à l'avenir, les fonctions d'assesseur du tribunal du travail.

Le jugement est imprimé et affiché à ses frais. Les amendes sont prononcées par le tribunal du travail.

Article 337 : Sont punis d'une amende de cinq cent mille (500 000) à deux millions (2 000 000) de francs et d'un emprisonnement de deux (2) à cinq (5) ans ou de l'une de ces deux peines seulement, les auteurs d'infractions aux dispositions de l'article 4 relatives à l'interdiction du travail forcé ou obligatoire.

En cas de récidive, l'amende est portée au double et la peine d'emprisonnement est de dix (10) à quinze (15) ans.

Article 338 : Est puni d'une amende de cinq cent mille (500 000) à deux millions (2 000 000) de francs et d'un emprisonnement d'un (1) à cinq (5) ans ou de l'une de ces deux peines seulement, tout employeur qui prend en considération le sexe, l'âge, l'ascendance nationale ou l'origine sociale, la race, la religion, la couleur, l'opinion politique pour arrêter ses décisions en ce qui concerne, notamment, l'embauchage, la conduite et la répartition du travail, la formation professionnelle, l'avancement, la promotion, la rémunération, l'octroi d'avantages sociaux, la discipline ou la rupture du contrat de travail.

En cas de récidive, l'amende est portée au double et la peine d'emprisonnement de deux (2) à dix (10) ans.

Article 339: Est puni d'une amende de cinq cent mille (500 000) à un million (1 000 000) de francs, tout employeur qui prend en considération le handicap pour arrêter ses décisions en ce qui concerne, notamment, l'embauchage, la conduite et la répartition du travail, la formation professionnelle, l'avancement, la promotion, la rémunération, l'octroi d'avantages sociaux, la discipline ou la rupture du contrat de travail.

En cas de récidive, la peine est portée au double.

Article 340: Est puni d'une amende de cinq cent mille (500 000) à deux millions (2 000 000) de francs, tout employeur qui prend en considération le VIH-sida ou la drépanocytose pour arrêter ses décisions en ce qui concerne, notamment, l'embauchage, la conduite et la répartition du travail, la formation professionnelle, l'avancement, la promotion, la rémunération, l'octroi d'avantages sociaux, la discipline ou la rupture du contrat de travail.

En cas de récidive, la peine est portée au double.

Article 341 : Est puni d'une amende de deux cent mille (200 000) à cinq cent mille (500 000) francs, tout employeur qui prend en considération l'appartenance ou la non-appartenance à un syndicat et l'activité syndicale des travailleurs pour arrêter ses décisions en ce qui concerne, notamment, l'embauchage, la conduite et la répartition du travail, la formation professionnelle, l'avancement, la promotion, la rémunération, l'octroi d'avantages sociaux, la discipline ou la rupture du contrat de travail.

En cas de récidive, la peine est portée au double.

Article 342 : Est puni d'une amende de cent mille (100 000) à trois cent mille (300 000) francs, tout auteur d'infractions aux dispositions de l'article 13 du présent code relatif à l'interdiction de recrutement de travailleurs non munis de la carte d'inscription délivrée par le service public de l'emploi.

Est puni de la même peine, tout auteur d'infractions aux dispositions des articles 48 et 50 du présent code.

En cas de récidive, la peine est portée au double.

Article 343 : Est puni d'une amende de cinq millions (5 000 000) à dix millions (10 000 000) de francs et d'un emprisonnement de deux (2) à cinq (5) ans ou de l'une de ces deux peines seulement, tout employeur ou toute personne reconnue coupable ou complice de violation de l'interdiction des pires formes de travail des enfants prévue à l'article 107 du présent Code.

En cas de récidive, l'amende est portée au double et l'emprisonnement de cinq (5) à dix (10) ans.

Dans le cas d'infraction à l'article 107, les pénalités ne sont pas encourues si l'infraction a été l'effet d'une erreur portant sur l'âge des enfants commise lors de l'établissement de la carte de travailleur.

En cas de falsification l'auteur sera puni conformément aux textes en vigueur.

Article 344: Les infractions aux dispositions de l'article 317 du présent Code sont passibles de peines d'astreinte d'un montant de cent mille (100 000) francs par jour de retard, sans préjudice des dispositions de l'article 359 du présent Code.

Article 345: Sont punis d'une amende de deux cent mille (200 000) à trois cent mille (300 000) francs et, en cas de récidive, d'une amende portée au double:

a) les auteurs d'infractions aux dispositions des articles 28, 29 et 106;

b) les auteurs d'infractions aux dispositions réglementaires prévues par les articles 34 et 37;

c) les auteurs d'infractions aux dispositions de l'article 151.

Article 346: Sont punis d'une amende de deux cent mille (200 000) à trois cent mille (300 000) francs et, en cas de récidive, d'une amende portée au double :

a) les auteurs d'infractions aux dispositions des articles 108 alinéa 2, 109 alinéa 3, 115, 148, 152 et 153 ;

b) les auteurs d'infractions aux dispositions des articles 64, 65, 114 et 285.

Dans les cas d'infractions aux dispositions des décrets prévus par les articles 115 ou 148, la récidive peut, en outre, être punie d'un emprisonnement de six (6) jours à un (1) mois.

En ce qui concerne les infractions au décret prévu à l'article 285, l'amende est appliquée autant de fois qu'il y a d'inscriptions omises ou erronées.

Article 347 : Les infractions aux dispositions des articles 182, 183, 188, 189, 190, 191, 192, 193, 200 et 208 sont poursuivies contre les directeurs ou administrateurs des syndicats et punies d'une amende de deux cent mille (200 000) à trois cent mille (300 000) francs.

Dans le cas de fausse déclaration relative aux statuts et aux noms des administrateurs ou directeurs, l'amende est de cinq cent mille (500 000) francs.

Article 348 : Les infractions aux dispositions des articles 158 et suivants en matière de salaires sont punies d'une amende de cent mille (100 000) à un million (1 000 000) de francs.

En cas de récidive, l'amende est portée au double.

Article 349 : Sont punis d'une amende de deux cent mille

(200 000) à cinq cent mille (500 000) francs et, en cas de récidive, d'une amende de cinq cent mille (500 000) à un million (1 000 000) de francs:

a) les auteurs d'infractions aux dispositions des articles 66, 116, 124, 126, 137, 138, 139, 140, 168 et 169;

b) les auteurs d'infractions aux dispositions réglementaires prévues aux articles 109, 121 et 220.

Article 350: Sont punis d'une amende de deux cent mille (200 000) à trois cent mille (300 000) francs et en cas de récidive, d'une amende portée au double:

a) les auteurs d'infractions aux dispositions des articles 11, 12, 16, 30, 48, 54, 68, 103, 104, 111, 150, 180, 181 et 280;

b) les auteurs d'infractions aux dispositions réglementaires prévues par les articles 14, 15, 100, 101, 105, 163 et 241;

c) toute personne qui aura employé un travailleur de nationalité étrangère démuni de carnet de travail ou de carte de travail ou muni d'un carnet ou carte établi pour une profession autre que celle de l'emploi réellement tenu;

d) toute personne qui aura embauché un travailleur étranger dont le contrat avec le précédent employeur n'était pas, soit expiré, soit résilié par décision judiciaire, à moins que le travailleur n'ait été autorisé par l'inspection du Travail ou présenté par le service public de l'emploi, cette autorisation ou présentation réservant les droits du précédent employeur vis-à-vis du travailleur et du nouvel employeur.

TITRE VIII
DES SANCTIONS

Article 351 : Est puni d'une amende de deux cent mille (200 000) à trois cent mille (300 000) francs et en cas de récidive, d'une amende portée au double, quiconque aura porté atteinte soit à la libre désignation des délégués du personnel, des délégués syndicaux ou des membres du comité de sécurité et santé au travail, soit à l'exercice régulier de leurs fonctions.

Les infractions peuvent être constatées soit par l'inspection du travail, soit par les officiers de police judiciaire.

Article 352 : Sont punis conformément aux dispositions du code pénal :

a) les auteurs d'infractions aux dispositions de l'article 168 sur le paiement du salaire en alcool ou boissons alcoolisées ;

b) les personnes qui auront fait sciemment une fausse déclaration d'accident du travail ou de maladie professionnelle ;

c) toute personne qui, par violence, menaces, tromperie, dols ou promesses aura contraint ou tenté de contraindre un travailleur à s'embaucher contre son gré ou qui, par les mêmes moyens aura tenté de l'empêcher ou l'aura empêché de s'embaucher ou de remplir les obligations imposées par son contrat ;

d) toute personne qui, en faisant usage d'un contrat fictif ou d'une carte de travail contenant des indications inexactes, se sera fait embaucher ou se sera substituée volontairement à un autre travailleur ;

e) tout employeur, fondé de pouvoir ou préposé qui aura porté sciemment sur la carte de travailleur, le registre d'employeur ou tout autre document, des attestations mensongères relatives à la durée et aux conditions de travail accompli par le travailleur, ainsi que tout travailleur qui aura sciemment fait usage de ces attestations;

f) tout employeur, fondé de pouvoir ou préposé qui aura sciemment engagé, tenté d'engager ou conservé à son service un travailleur encore lié à un autre employeur par contrat de travail, un apprenti encore lié par un contrat d'apprentissage ou un stagiaire en cours de formation dans un centre de formation professionnelle, indépendamment du droit aux dommages-intérêts qui peut être reconnu à la partie lésée;

g) toute personne qui aura exigé ou accepté du travailleur une rémunération quelconque à titre d'intermédiaire dans le règlement ou le paiement des salaires, indemnités, allocations et frais de toute nature;

h) toute personne appartenant au service public de l'emploi qui aura exigé ou accepté une rémunération quelconque en paiement d'une opération de placement ou d'inscription d'un travailleur ou toute personne qui aura offert ou remis à un agent du service public de l'emploi une rétribution à cet effet.

Article 353: Est puni d'une amende de cinq cent mille (500 000) à un million (1 000 000) de francs, tout employeur qui aurait fait venir ou utilisé des travailleurs étrangers au Niger sans que ceux-ci aient un contrat de travail visé par les services compétents du ministère en charge du travail.

L'amende est appliquée autant de fois qu'il y a de travailleurs étrangers irrégulièrement introduits ou utilisés en territoire nigérien.

En cas de récidive, l'amende est de deux millions (2 000 000) de francs à cinq millions (5 000 000) de francs.

Sont punis de la même peine, les auteurs d'infractions aux dispositions de l'article 25 du présent Code.

Article 354 : Sont punis d'une amende de deux cent mille (200 000) à trois cent mille (300 000) francs et, en cas de récidive, d'une amende de quatre cent mille (400 000) à un million (1 000 000) de francs, les auteurs d'infractions aux dispositions des articles 134 et 135 du présent Code.

Article 355 : Est puni d'une amende de trois cent mille (300 000) à cinq cent mille (500 000) francs, toute personne qui s'est opposée ou a tenté de s'opposer à l'exécution des obligations ou à l'exercice des pouvoirs qui incombent aux inspecteurs et contrôleurs du Travail et aux chefs de circonscription administrative agissant comme suppléant de l'inspecteur du travail.

En cas de récidive, l'amende est portée au double, sans préjudice des dispositions du Code pénal qui prévoient et répriment les actes de résistance, les outrances et les violences contre les officiers de police judiciaire qui sont applicables à ceux qui se rendent coupables des faits de même nature à l'égard des inspecteurs ou de leurs suppléants.

Article 356: Tout employeur qui aura soumis un travailleur à un test de dépistage du VIH-SIDA sans son consentement, est puni d'une amende de cinq cent mille (500 000) à deux millions (2 000 000) de francs, sans préjudice du versement des dommages et intérêts éventuels.

Les dispositions de l'alinéa précédent ne s'appliquent pas lorsque:

- le dépistage est fait dans le cadre de la surveillance épidémiologique d'une maladie où l'anonymat est garanti ;

- le dépistage est à visée diagnostique chez le travailleur et que le pronostic vital est engagé ;

- le statut sérologique est demandé par voie de réquisition à expert dans une procédure judiciaire.

En cas de récidive, l'amende est portée au double.

Article 357: Est puni des peines prévues à l'article 338 du Code pénal tout employeur qui aura retenu, pour utiliser dans son intérêt personnel ou pour les besoins de son entreprise, les sommes ou titres remis en cautionnement.

Article 358: Les chefs d'établissements, directeurs ou gérants qui ont contrevenu aux dispositions des articles 186, 187 et 203 sont punis d'une amende de cinq cent mille (500 000) à deux millions (2 000 000) de francs.

L'amende est appliquée autant de fois qu'il y a de personnes

TITRE VIII
DES SANCTIONS

atteintes par les mesures interdites par les articles 186 et 187.

Les infractions peuvent être constatées tant par les inspecteurs du travail et leurs suppléants que par les officiers de police judiciaire.

Article 359 : Lorsque l'une des parties régulièrement convoquée en vue du règlement d'un conflit collectif ne comparaît pas sans motif légitime aux fins de conciliation ou ne se fait pas représenter dans les conditions fixées à l'article 317 du présent Code, l'infraction est punie d'une amende de cent mille (100 000) à deux cent cinquante mille (250 000) francs.

Lorsque l'une des parties régulièrement convoquée ne comparaît pas ou ne se fait pas représenter devant le conseil d'arbitrage, rapport est établi par le conseil et transmis au parquet par l'inspecteur du travail. L'infraction est punie d'une amende de deux cent cinquante mille (250 000) à cinq millions (5 000 000) de francs.

Lorsque la communication des documents visés à l'article 330 est sciemment refusée au conseil d'arbitrage, rapport est établi par le conseil et transmis au parquet par l'inspecteur du travail. L'infraction est punie d'une amende de deux cent cinquante mille (250 000) à cinq millions (5 000 000) de francs.

Article 360 : Lorsqu'une amende de simple police est prononcée en vertu du présent titre, elle est encourue autant de fois qu'il y a eu d'infractions, sans que, cependant, le montant total des amendes infligées puisse excéder deux millions (2 000 000) de francs.

Cette règle s'applique, notamment, au cas où plusieurs travailleurs auraient été employés dans des conditions contraires au présent Code.

Pour l'application des dispositions du présent titre, il y a récidive lorsque, dans les douze (12) mois antérieurs au fait poursuivi, le contrevenant a déjà subi une condamnation devenue définitive pour un fait identique.

Article 361 : Les chefs d'entreprises sont civilement responsables des condamnations prononcées contre leurs fondés de pouvoir ou préposés.

TITRE IX

DES DISPOSITIONS TRANSITOIRES ET FINALES

TITRE IX
DES DISPOSITIONS TRANSITOIRES ET FINALES

Article 362 : Les dispositions du présent Code sont de plein droit applicables aux contrats individuels en cours, sous réserve que les travailleurs continuent à bénéficier des avantages qui leur ont été consentis antérieurement lorsque ceux-ci sont supérieurs à ceux que leur reconnaît le présent Code.

Toute clause d'un contrat en cours qui ne serait pas conforme aux dispositions du présent Code, ou d'un décret ou arrêté pris pour son application, doit être modifiée dans un délai de six (6) mois à compter de la publication du présent Code ou du décret ou arrêté en cause.

En cas de refus de l'une des parties, la juridiction compétente peut ordonner, sous peine d'astreinte, de procéder aux modifications jugées nécessaires.

Article 363 : Aussi longtemps que de nouvelles conventions collectives n'auront pas été établies dans le cadre du présent Code, les conventions antérieures restent en vigueur dans celles de leurs dispositions qui ne lui sont pas contraires. Ces conventions sont susceptibles d'extension dans les conditions prévues au présent Code.

Article 364 : Sont abrogées toutes dispositions antérieures contraires, notamment l'ordonnance n° 96-039 du 29 juin 1996, portant Code du Travail de la République du Niger.

Toutefois, les institutions, procédures et prescriptions réglementaires existant en application du Code précédent demeurent en vigueur dans leurs dispositions qui sont en harmonie avec le présent Code.

Article 365 : La présente loi est publiée au journal officiel de la République du Niger et exécutée comme loi de l'État.

Fait à Niamey, le 25 septembre 2012

Signé: Le Président de la République

ISSOUFOU MAHAMADOU

Le Premier Ministre

BRIGI RAFINI

La Ministre de la Fonction Publique et du Travail

Mme SABO FATOUMA ZARA BOUBACAR

Pour ampliation:

Le Secrétaire Général

du Gouvernement

GANDOU ZAKARA

索 引

Index alphabétique　字母索引[①]

A

Accident du travail　工伤事故　120-1, 144-1, 352-b）

Accord collectif　集体协议　80-2

Accord d'entreprise　企业协议　250, 251

Administration du travail　劳动行政部门　258

Agent administratif　行政公务员　293-5, 299-3, 302-3, 311-1

Allocation de congé　假期补助　117, 121, 124-3, 126-2

Alternance　交替　38

Amende　罚款　66

[①] 为方便读者理解本法，译者编制了字母索引，并对相关法条进行了标注。

Apprentissage 学徒 26, 27, 33, 34, 35, 36, 38, 39, 243, 289, 352-f)

Apprentissage par alternance 交替学徒制 38, 39

Arbitrage 仲裁 244-14), 327—335

Arrêté 决定/命令(通常发布者为部长、大区省长) 15, 37, 52-4, 170, 185, 242, 245, 247, 248, 249, 253, 294, 295, 362

Assemblée générale 股东大会 208

Assesseur 陪审员 293-1, 294, 295, 296, 297, 304, 336

Astreint 受约束的/强制的 43, 70

Au moins 至少 145, 183-2, 190-2, 215, 223

Avantage 福利 6, 69-2, 77-3, 90-1, 157, 362

Avantage social 社会福利 5-1, 338-1, 339-1, 340-1, 341-1

Avantage de toute nature 各种福利 77-3, 90-1

B

Bulletin de paie 工资单 174-2

C

Caisse de secours mutuels et de retraites 互助和养老基金 204—206

Capacité civile des syndicats　工会享受民法上权利的能力，即工会的民事主体资格　194—201

Carte de travail　劳动许可证/工作登记证　263，264-3，287，343-3，350-c），352

Cautionnement　保证金/保证/担保　54，55-1，57-1，133-2，244，357

Certificat　证书　33

- d'aptitude professionnelle　职业能力证书　34

- de dépôt　存款证明　55

- de travail　工作证明　94

Chômage　失业

- temporaire　临时性失业　72-1，74，75-1，243

- technique　技术性失业　75-2

Clause　条款/规定　64-2，232-2，241-1，245-4，251-1，329-3

Commission Consultative du Travail et de l'Emploi　劳动和就业咨询委员会　15-1，34-6，36，37，46，64-4，88-2，101，102，106-1，109-1，115，121，143-3，161-1，163，170-1，173-3，181-1，222-1，226，238-2，245，246，247-3，248，259，260-3，266，273-3，284-2，285，286-4

Comité　委员会

- technique consultatif de santé et de sécurité au travail　职业健康和安全专业咨询委员会　140-1，147，148-2，150-3，151，

154, 261-1

- de sécurité et santé au travail 职业安全和健康委员会(简称 CSST) 145, 146, 147, 351-1

- d'entreprise 企业委员会(简称 CE) 211

Compétence 有技能的人 48-7, 328-1

Compte 账户 112, 120

Pour le compte de 为了……利益 120-2

Conclusion du contrat de travail 劳动合同的签署 47—57

Conciliation 调解 302-1, 305, 306, 307-1, 317—319, 322—326, 328, 329, 332-1, 334, 359-1

Condition de travail 工作条件 99—135

Conflit collectif (différend collectif) 集体纠纷/争议 359-1, 320, 321

Congé 离去/休假/假期/辞职 33, 77, 111, 116—126, 127, 131-2, 132, 166-1, 177-3, 243, 285,

Congé payé 带薪休假 116—126, 166-1, 177-3, 243

Conseil des Ministres 部长委员会 34, 36, 64, 88, 101, 102, 106, 109, 115, 121, 140, 143, 147, 148, 150, 151, 154, 161, 163, 173, 181, 226, 238, 266, 273, 281, 284, 285, 286

Conseil d'administration 董事会 208

Conseil d'arbitrage 仲裁委员会 327—335, 359

Contrat d'apprentissage 学徒合同 26—37

Contrat d'apprentissage par alternance 交替学徒合同 38

Contrat de travail 劳动合同 40

Contrat

- à durée déterminée 固定期限劳动合同(简称 CDD) 58—62

- à durée indéterminée 无固定期限劳动合同(简称 CDI) 60, 63, 47, 52, 53, 58, 78, 88, 90, 236

- à durée déterminée à terme imprécis 无明确期限的固定期限劳动合同 61

Contrôle 监督/检查 267—283

Contrôleur du travail 劳动管控员 267, 276, 277, 278, 355

Convention collective 集体公约 229—257

Convention collective dans les services, entreprises et établissements publics 公共性的服务部门、企业和机构的集体公约 252, 253

Créance salariale (créance de salaire) 工资债权 93, 176

Crédit d'heures 履职工作时间 220

Cour de Cassation 最高法院 217, 315, 335

D

Déclaration 报告/申报/申请 144, 263, 284-1, 319-1, 347-2, 352-b)

- préalable 提前申报 103

- déclaration écrite ou orale　书面或口头申请　172, 311, 314, 319

- d'appel　上诉申请　314

Décision unilatérale　单方面决定　6-2, 77-4

Décret　法令　15, 16, 23, 34, 36, 55, 60, 64, 88, 100, 101, 102, 103, 105, 106, 109, 115, 121, 140, 141, 143, 147, 148, 150, 151, 154, 161, 163, 173, 177, 178, 181, 202, 210, 222, 226, 238, 239, 244, 249, 252, 259, 261, 266, 273, 279, 281, 284, 285, 286, 297, 316, 346, 362

Défendeur　被告　301-2, 313-3

Délégué du personnel　员工代表　212, 222

Délégué syndicaux　工会代表　223—226

Délit　犯罪　30

Demande principale　本诉　313

Demande reconventionnelle　反诉　313

Demandeur　原告　299-2, 301-1

Demandeur d'emploi　求职者　156, 263, 264-2, 265-2

Démission　辞职　91-1, 216, 225-2

Démissionnaire　辞职的(人)　69-3

Détermination du salaire　工资的确定　158—167

Différend de travail　劳动争议　288—335

Différend individuel　个人劳动争议　289—319

Différend collectif　集体争议　320—335

Discrimination　歧视　160

Disposition transitoire et finale 过渡和最终条款 362—365

Dommage 赔偿 92, 93, 166

Dommage-intérêt (dommage et intérêt) 损害赔偿 50-5, 77-2, 89-3, 91, 92, 93, 94-1, 96, 166-1, 188, 255, 256, 313, 352-f), 356-1,

Droit de rétention 留置权 178-1

Droit civique 公民权 190-1, 214, 294-2

Droit politique 政治权 214

Droit syndical 工会权 243

Droit commun 普通法 273-3, 283

Droit d'ester 进行诉讼的权利 194

Durée du travail 工作时间 99—101

E

Écrit 书面形式/书面的 17, 18, 21, 26, 42-2, 48, 50-4, 52-2, 58-2, 83-2, 84, 142, 180-2, 286-2, 300-3, 304-1, 331-2

Économat 商店 134, 135

Égalité de rémunération entre les salariés 同工同酬 158

à travail de valeur égale, salaire égal 同工同酬 243-7

Embauche 招聘 11, 13-2, 16-1, 48-1, 286-1

Emploi 就业 8—23

Employeur 雇主(含用人单位和自然人) 3

Enfant 儿童 106—108

Entrepreneur de travail temporaire 临时性劳务公司 16—20

Épargne 储蓄 55-2

Étranger 外国的/外国人 5-1, 42-1, 48, 50, 133-1, 190, 281-1, 350-d), 353

Essai 试用 52, 60-3, 61-3, 76, 243

Exécution du contrat de travail 劳动合同的履行 64—69, 289

Extension de la convention collective 集体协议的扩展适用 242—249

F

Faute 过错
- grave 严重过错 90-2
- lourde 重大过错 77-2, 90, 127-1, 128, 227-4, 320-2

Femme 妇女 5, 109, 119-1, 120-1, 159-1, 243, 244-1, 303-1

Femme enceinte 孕妇 109—113

Force majeure 不可抗力 4-4, 74-1, 77-2, 95, 127-1, 169-1, 301, 317-3

Formation professionnelle 职业培训 24, 25, 26-1, 35-1, 38, 243, 263

G

Garantie de la créance salariale 工资债权的担保 175—178

Greffe de la cour 法院书记室/法院诉讼档案保管室 314-3

Grève 罢工 16-2, 320—335

Grossesse 怀孕 78-2, 110, 111-1

H

Harcèlement sexuel 性骚扰 45

Heure de travail(durée du travail) 工作时间 99—101

Heure supplémentaire 加班 100, 101, 163, 243

Hygiène 卫生 136—147, 218, 274

I

Indemnité 补偿

- de préavis(Indemnité pour inobservation du préavis) 预先通知补偿 69-3, 90, 93, 108-2, 166, 177-3

- de rupture de contrat 合同解除补偿 110, 113-2, 177-3

- compensatrice de congé payé 带薪休假补偿性补助 77-1, 124, 126, 177-3

- de déplacement 出差补助 162-2

- de séjour 生活津贴 297-1

- de licenciement 解雇补偿金 69, 77-1, 86-1

- au profit 利益补偿 35-1

- spéciale non imposable 特殊免税补偿 86

Inspecteur du travail 劳动监察员 267—283, 285, 317, 318, 319-2, 322, 323, 326-2, 327-1, 358-3

Inspection du travail 劳动监察部门 218, 273-2, 279, 284-1, 294-1, 314-3, 324-3, 332-3, 350-d), 351-2

Instance relatives au travail 劳动有关机构 258—266

Insuffisance 不足/缺陷 19-d)

J

Jeune travailleur 青年劳动者 103, 104

Jour férié 节假日 120-3, 244-1, 299-1

Jour de travail 工作日 32-2

Journée de travail 工作日 113-1

Jour franc 整日 142, 331-1

Jour ouvrable 工作日 116-2, 119-1, 326-1,

Jour non ouvrable 非工作日 163, 243

Juridiction du travail 劳动法庭 289—316

L

Liberté syndicale 工会自由 183

Licenciement 解雇(即由雇主提出的劳动合同关系的解除)

- pour motif économique 经济原因解雇 20, 80—87
- pour motif personnel 因个人原因而解雇 78, 79, 90

Licenciement des représentants du personnel 劳动者代表的解雇 227, 228

Licenciement des assesseurs travailleurs 劳动者一方陪审员的解雇 297

Lieu 地点
- de la résidence habituelle 经常居住地 127
- d'emploi 工作地 127, 134-4, 161-1, 162-1,

Lock-out 停业 321

Loi 法律 4-4, 64-3, 190-1, 204, 231, 329

M

Maître 师傅 27-2, 29, 31, 32, 33, 34-1, 36, 289

Maladie professionnelle 职业病 120-1, 144, 352-b)

Marque syndicale 工会商标 202, 203

Maternité 孕产妇(即孕妇和产妇的统称) 109—113

Mineur 未成年人 28, 29, 127-1, 191, 303-2

Mission 派遣 17, 42-1; 使命/任务 19-2, 218, 260-6, 276, 330-2, 333

Modification de la situation de l'employeur 雇主方状况的变更 97, 98

N

Négociation collective 集体协商 229—257

Nul/Nulle 无效的 Nullité 无效 5, 26-2, 35-2, 52-2, 57-2, 64-2, 68, 112-2, 124-2, 182-1, 188, 203-2, 227-6, 238-1, 331-2

Nuit 夜间 Travail de nuit 夜间工作 102—105

Nature de la convention collective 集体公约的性质 229

O

Obligations des parties au contrat de travail 劳动合同双方义务 43—46

Obligation de l'employeur 雇主义务 284—287

Organisme consultatif 咨询机构 259—261

P

Paiement du salaire　工资的支付　168—174

Période d'essai　试用期　52, 60-3, 61-3, 76, 243

Préavis　提前/预先通知　53-2, 69-3, 71, 76, 77-1, 86-1, 88, 89, 90, 92-2, 93, 108-2, 113-2, 166-1, 177-3, 237, 243, 326, 327-1

Prescription de la créance salariale　工资债权的时效　179

Prime　奖金　86-3, 163, 166-1, 244-1, 251-1

Privilège de la créance salariale　工资债权的优先权　175—178

Prix forfaitaire　固定总价　21

Protection de la femme et de la maternité　保护妇女和孕产妇　109—113

R

Reclassement　重新安排工作　82

Règlement　法规　4-4, 231, 258-1, 280-2, 329

Règlement intérieur　内部规章制度　64, 65, 146-2, 171

Repos hebdomadaire　每周的休息　114, 115, 244-13）

Représentant du personnel　劳动者代表　7, 64-3, 74-2, 80-1, 81-1, 145-1, 211—228

Représentant l'employeur 雇主代表 3-2, 139-1, 145-1, 173-1, 221

Résidence habituelle 经常居住地 42-1, 48-1, 52-7, 118, 126-3, 127, 161-1, 162-1, 291-1

Résiliation du contrat de travail 劳动合同的解除、终止 88-1, 127-1, 216, 291-1

Retenue sur salaire 工资的扣除 180—182

Retraite 退休 204, 206

Risque émergent 新兴风险 155, 156

Rupture du contrat de travail 劳动合同的解除 76—96

S

Sanction 惩罚 336—361

Santé au travail 职业健康 148—154

Secrétaire 书记员 172-3, 293-5, 305-3, 306, 309, 310-2, 311, 314, 319-1

Secrétariat 书记处 172-2, 180-3, 314-2, 324-4, 332-3

Service public de l'emploi 就业公共服务 262—266

Service de santé au travail 职业健康服务 148—154

Statut 章程 189, 193, 200, 208-2, 347-2

Surveillance épidémiologique 流行病学检测 356-2

Suspension du contrat de travail 劳动合同的中止 70, 71, 72, 74, 75, 321-4

Syndicat professionnel 职业工会 183—210

T

Tâcheron 承揽人 8, 21, 22

Témoin 证人 173-1, 274-a), 302

Tribunal de Grande Instance 高等法院 271

Tribunal du travail 劳动法庭 289, 290, 292, 293, 297-1, 298-1, 308-2

Travail de nuit 夜间工作 102—105

Travail des enfants 童工 106—108

Travail forcé ou obligatoire 强迫或者强制劳动 4, 107-2, 337-1

Travailleur 劳动者 2

U

Union de syndicats 工会联盟 207-210

Utilisateur 使用者 16-1, 17-1 Entreprise utilisatrice 用工单位 17-4, 18, 20

V

Validité de la convention collective　集体公约的效力　230—241

Violence　暴力　44，352-c），355-2

Voyage et transport　路途和交通　127—133